Le droit pénal spécial en QCM

Éric MATHIAS

Maître de conférences en science criminelle
à l'Université Paris-Est Créteil
Avocat au barreau du Gers

ellipses

Du même auteur

- *Les Procureurs du Droit*, préf. M. Delmas-Marty, Paris, CNRS éditions, 1999.
- *Procédure pénale allemande*, Traduction du manuel de E. Schlüchter, Stuttgart, 2002.
- *Droit pénal général et procédure pénale*, Annadroit 2007, Paris, Gualino éditeur, 2006.
- *Termes de droit pénal et de procédure pénale*, Paris, Gualino éditeur, 2006.
- *Procédure pénale*, Paris, Bréal, 4e éd., 2011.
- *Le Droit pénal en QCM*, Paris, Ellipses, 2e éd., 2011.
- *La Criminologie en QCM*, Paris, Ellipses, 2011.
- *La Procédure pénale en QCM*, Paris, Ellipses, 2e éd., 2011.
- *Le droit pénal spécial en QCM*, Paris, Ellipses, 2e éd., 2011.

ISBN 978-2-7298-7459-9

32, rue Bargue 75740 Paris cedex 15

www.editions-ellipses.fr

QUESTIONS

Infractions contre les personnes

Crimes contre l'humanité
Atteintes à la vie
Atteintes à l'intégrité
Mise en danger
Atteintes à la liberté d'aller et venir
Atteintes à la dignité
Atteintes à la personnalité
Atteintes aux mineurs et à la famille

Crimes contre l'humanité et contre l'espèce humaine

(Génocide, crimes contre l'humanité *stricto sensu*, eugénisme, clonage thérapeutique)

1. Tout crime contre l'humanité implique l'exécution :

❑ a. de personnes
❑ b. d'une population
❑ c. d'un plan concerté

2. Le crime de génocide s'entend de la volonté de détruire en tout ou partie :

❑ a. un peuple
❑ b. une identité nationale
❑ c. une population arbitrairement déterminée

3. Le transfert forcé d'enfants est l'une des modalités du génocide.

❑ a. vrai
❑ b. faux

4. La réduction en esclavage est toujours un crime contre l'humanité.

❑ a. vrai
❑ b. faux

5. Les crimes contre l'humanité s'entendent nécessairement d'actes inspirés par des motifs d'ordre politique, racial, national ethnique, culturel, religieux ou sexiste.

❏ a. vrai
❏ b. faux

6. Le commandement de l'autorité légitime n'est pas susceptible de justifier le crime contre l'humanité qu'a commis sur ordre de sa hiérarchie un agent subalterne.

❏ a. vrai
❏ b. faux

7. Le fait de mettre en œuvre une pratique eugénique tendant à l'organisation de la sélection des personnes est :

❏ a. une contravention de la 5e classe
❏ b. un délit puni de dix ans d'emprisonnement et 7 500 000 euros d'amende
❏ c. un crime puni de quinze ans de réclusion

8. Le clonage reproductif est un procédé :

❏ a. légal depuis la loi bioéthique de 2004
❏ b. légal lorsqu'il est diligenté dans un but thérapeutique
❏ c. illégal

Atteintes à la vie

(Meurtre, empoisonnement, homicide involontaire)

9. Se rend coupable d'un meurtre quiconque commet :

❑ a. un homicide
❑ b. un assassinat
❑ c. des coups mortels

10. L'homicide volontaire est légitimé lorsqu'il se commet :

❑ a. à la demande de la victime
❑ b. à la demande expresse d'un malade incurable
❑ c. à la demande expresse et réitérée dans les deux années précédent le crime par un malade incurable

11. Le meurtre expose son auteur à la réclusion criminelle à perpétuité lorsqu'il est commis sur :

❑ a. une femme enceinte
❑ b. un enseignant dans l'exercice ou du fait de ses fonctions
❑ c. une personne en raison de son refus de contracter mariage

12. L'homicide volontaire de l'ancien conjoint, concubin ou partenaire de PACS expose son auteur à la réclusion perpétuelle s'il est commis :

❑ a. pendant la minorité des enfants du couple désuni

- ❑ b. dans les cinq années de la rupture du couple
- ❑ c. en présence du nouveau conjoint, concubin ou partenaire de PACS de la victime

13. Le nouveau Code pénal a supprimé l'incrimination spécifique de l'infanticide.

- ❑ a. vrai
- ❑ b. faux

14. Les violences exercées dans le but de tuer exposent leur auteur à condamnation du chef de tentative de meurtre quand bien même la « victime » serait décédée avant de recevoir les coups.

- ❑ a. vrai
- ❑ b. faux

15. L'empoisonnement expose son auteur à :

- ❑ a. quinze ans de réclusion criminelle
- ❑ b. vingt ans de réclusion criminelle
- ❑ c. trente ans de réclusion criminelle

16. Le crime d'empoisonnement est constitué indépendamment de ses suites.

- ❑ a. vrai
- ❑ b. faux

17. L'empoisonnement peut consister dans l'administration :

- ❑ a. d'une seule dose de substance mortifère
- ❑ b. d'une substance mortelle à long terme
- ❑ c. prolongée d'une substance dont l'absorption isolée n'est pas mortelle

18. En matière d'empoisonnement, l'intention homicide s'entend de la seule conscience du caractère mortifère de la substance administrée à la victime.

❑ a. vrai
❑ b. faux

19. Aux termes de l'article 221-5-1 CP, le fait de faire à une personne des offres ou des promesses ou de lui proposer des dons, présents ou avantages quelconques afin qu'elle commette certains crimes est puni de dix ans d'emprisonnement et de 150 000 euros d'amende. Ce texte sanctionne le délit consistant dans ce qu'il est convenu d'appeler :

❑ a. un contrat délictueux
❑ b. une convention infractionnelle
❑ c. un mandat criminel

20. Le droit français réprime, sur le fondement de l'article 221-5-1 CP, l'instigateur de :

❑ a. tout crime non suivi d'effet
❑ b. tout homicide volontaire non suivi d'effet
❑ c. tout crime ou délit, commis en bande organisé, non suivi d'effet

21. L'homicide involontaire peut dans certaines circonstances constituer un crime.

❑ a. vrai
❑ b. faux

22. Une personne morale peut être condamnée pour homicide involontaire quand bien même son organe ou son représentant, pourtant fautif, serait relaxé.

❑ a. vrai
❑ b. faux

23. Les violences involontaires constituent toujours un délit.

❑ a. vrai

❑ b. faux

24. La faute de la victime n'exonère l'auteur de violences involontaires qu'autant qu'elle présente les caractéristiques de la force majeure.

❑ a. vrai

❑ b. faux

Atteintes à l'intégrité

(Violences, menaces, agressions sexuelles, harcèlement, trafic de stupéfiants)

25. La torture et les actes de barbarie ne constituent pas des circonstances aggravantes.

❑ a. vrai

❑ b. faux

26. L'auteur de torture ou d'actes de barbarie encourt la réclusion criminelle – dont la durée varie en fonction des circonstances. La loi prévoit aussi, à titre de peine complémentaire, que les cours d'assises peuvent soumettre ces personnes à l'obligation d'accomplir un stage de citoyenneté.

❑ a. vrai

❑ b. faux

27. Les violences volontaires peuvent constituer :

❑ a. un crime

❑ b. un délit

❑ c. une contravention

28. Le prévenu de violences volontaires sera relaxé s'il prouve qu'il n'est pas entré en contact physique avec la victime.

❑ a. vrai

❑ b. faux

29. En matière de violences volontaires, l'intention coupable ne consiste pas dans la recherche du résultat effectivement atteint.

❏ a. vrai
❏ b. faux

30. La condamnation du prévenu implique la démonstration d'une atteinte subie par la victime de l'infraction en cas de poursuite du chef de :

❏ a. violences volontaires
❏ b. appels téléphoniques malveillants
❏ c. administration de substances nuisibles

31. En matière de violences volontaires, l'état d'ivresse manifeste de l'auteur des faits constituent une circonstance :

❏ a. atténuante
❏ b. aggravante
❏ c. indifférente

32. L'usage d'une arme par destination aggrave les pénalités encourues par les auteurs de violences volontaires. Quiconque attente à l'intégrité d'autrui par l'entremise d'un chien s'expose-t-il à condamnation du chef de violence avec usage d'une arme ?

❏ a. oui
❏ b. non

33. La tentative de violences volontaires n'est pas incriminée.

❏ a. vrai
❏ b. faux

34. L'embuscade est punissable quand bien même aucune violence n'aurait été exercée.

❏ a. vrai
❏ b. faux

35. La menace de mort proférée une seule fois n'est jamais punissable.

❑ a. vrai

❑ b. faux

36. L'auteur de menaces réitérées ou matérialisées de violences correctionnelles encourt six mois d'emprisonnement et 7 500 € d'amende.

❑ a. vrai

❑ b. faux

37. La condamnation de l'auteur de menaces réitérées suppose que les propos menaçants aient été formulés :

❑ a. dans le même laps de temps

❑ b. au cours de la même année civile

❑ c. dans la même année

38. Les menaces verbales réitérées ne sont pas répréhensibles quand elles ne s'adressent pas directement au destinataire.

❑ a. vrai

❑ b. faux

39. Les menaces « faites avec l'ordre de remplir une condition » (art. 222-18 CP) ne sont pas punissables lorsque :

❑ a. l'injonction impose une abstention

❑ b. l'ordre n'est pas formulé par l'auteur des menaces

❑ c. l'ordre vient au soutien d'un droit légitime

40. Les peines encourues sont plus lourdes quand les menaces, quelles qu'elles soient, sont commises :

❑ a. par une personne dépositaire d'une mission de service public

❑ b. à raison de l'appartenance ou de la non-appartenance, vraie ou supposée, de la victime à une ethnie, une nation, une race ou une religion déterminée
❑ c. à raison de l'orientation sexuelle vraie ou supposée de la victime
❑ d. par une personne en état d'ivresse manifeste
❑ e. par le conjoint, le concubin ou le partenaire de PACS de la victime

41. L'expression d'atteinte sexuelle désigne aujourd'hui ce que le Code pénal napoléonien qualifiait :
❑ a. d'attentat à la pudeur
❑ b. d'offense à la pudeur
❑ c. d'outrage à la pudeur

42. L'agression sexuelle, quelle qu'elle soit, suppose l'absence totale de consentement de la victime.
❑ a. vrai
❑ b. faux

43. Le viol est la seule agression sexuelle criminelle.
❑ a. vrai
❑ b. faux

44. Le viol entre époux n'est pas incriminé.
❑ a. vrai
❑ b. faux

45. L'auteur d'un viol encourt la réclusion criminelle à perpétuité lorsque l'agression entraîne la mort du mineur de moins de quinze ans qui en est victime.
❑ a. vrai
❑ b. faux

46. Constitue le crime de viol – sous réserve de l'absence de consentement :

❏ a. l'introduction de l'organe sexuel masculin dans l'anus de la victime

❏ b. la pénétration digitale dans le vagin de la victime

❏ c. la fellation pratiquée sur un homme en érection

47. À l'instar des violences volontaires, les agressions sexuelles (à l'exception du viol) peuvent consister dans un « choc émotif à caractère sexuel » – ce qui revient à dire que l'agression sexuelle peut être caractérisée nonobstant l'absence de contact physique entre la victime et son agresseur.

❏ a. vrai

❏ b. faux

48. Les personnes morales peuvent engager leur responsabilité pénale à raison des infractions commises par leurs organes ou représentants sous réserve des agressions et atteintes sexuelles dont elles ne sauraient répondre.

❏ a. vrai

❏ b. faux

49. Le harcèlement sexuel est punissable à condition qu'il émane d'un supérieur hiérarchique et se manifeste sous la forme d'ordres, de menaces, de contraintes ou de pressions graves.

❏ a. vrai

❏ b. faux

50. Le délit d'exhibition sexuelle n'est pas caractérisé lorsque l'auteur :

❏ a. s'est contenté d'accomplir des gestes obscènes sans montrer aucune partie de son corps

❏ b. s'est dénudé dans un lieu privé

❏ c. s'est dénudé dans un lieu public ouvert à un public avisé

Mise en danger

(Risques causés à autrui, délaissement,
non-assistance à personne en péril,
entrave aux secours, abus de faiblesse)

51. L'expression de mise en danger d'autrui :

❑ a. désigne une infraction

❑ b. est synonyme de risques causés à autrui

❑ c. désigne un groupe d'infractions

52. Les infractions de mise en danger impliquent nécessairement une atteinte à l'intégrité physique ou psychique d'autrui.

❑ a. vrai

❑ b. faux

53. Le délit de risques causés à autrui a pour vocation exclusive de protéger les usagers de la route et de renforcer l'hygiène et la sécurité au travail.

❑ a. vrai

❑ b. faux

54. Le délit de risques causés à autrui peut consister dans la violation manifestement délibérée des obligations particulières de prudence et de sécurité prévues par le règlement intérieur d'une entreprise.

❑ a. vrai

❑ b. faux

55. La condamnation du chef de risques causés à autrui implique que le prévenu ait eu connaissance de la nature du risque auquel il exposait les personnes en violant l'obligation de prudence ou de sécurité.

❏ a. vrai
❏ b. faux

56. Ne constitue pas nécessairement le délit de risques causés à autrui le fait de conduire un véhicule à une vitesse très supérieure à celle qu'autorise le code de la route.

❏ a. vrai
❏ b. faux

57. La complicité du délit de risques causés à autrui est-elle punissable ?

❏ a. oui
❏ b. non

58. Le délit de « délaissement » est constitué lorsque l'auteur a abandonné la victime :

❏ a. dans un lieu privé, au moins quatre heures
❏ b. dans un lieu public, au moins deux heures
❏ c. de nuit, en tout lieu, au moins une heure

59. Le délit de « délaissement » peut consister dans une abstention.

❏ a. vrai
❏ b. faux

60. La condamnation du chef du délit de « délaissement » suppose que l'auteur des faits ait voulu abandonner définitivement la victime.

❏ a. vrai
❏ b. faux

61. L'omission volontaire de provoquer des secours est répréhensible seulement si l'abstention concerne une personne en état de péril.

❑ a. vrai
❑ b. faux

62. Quiconque omet sciemment de faire obstacle à la commission d'un crime est répréhensible dès lors que l'infraction est

❑ a. en cours d'exécution
❑ b. en préparation
❑ c. en projet

63. Pour échapper à condamnation du chef de non-obstacle à la commission d'un crime, une personne dont l'amant a laissé entrevoir qu'il envisageait d'éliminer son conjoint, peut utilement se retrancher derrière le fait justificatif tiré du risque que la révélation conjugale d'un tel projet aurait constitué pour elle.

❑ a. vrai
❑ b. faux

64. L'infraction de non-assistance à personne en péril suppose que la victime ne soit pas mortellement blessée.

❑ a. vrai
❑ b. faux

65. L'omission de porter secours s'entend nécessairement d'un défaut d'intervention.

❑ a. vrai
❑ b. faux

66. Un médecin avisé par la voie téléphonique d'un péril présumé peut-il – s'il refuse d'intervenir – être condamné du chef de non-assistance à personne en danger ?

❏ a. oui
❏ b. non

67. Quiconque avertit instamment les secours du péril auquel se trouve confronté autrui échappe nécessairement aux poursuites du chef de non-assistance à personne en péril.

❏ a. vrai
❏ b. faux

68. Les parents peuvent imposer à leur fille mineure âgée de moins de quinze ans une interruption de grossesse.

❏ a. vrai
❏ b. faux

69. L'interruption volontaire de grossesse n'est jamais répréhensible dès lors qu'elle intervient dans les douze semaines de la conception.

❏ a. vrai
❏ b. faux

70. La condamnation du chef d'entrave à l'interruption volontaire de grossesse suppose que le prévenu :

❏ a. ait agi en groupe
❏ b. ait manifesté verbalement son opposition à l'IVG
❏ c. soit intervenu alors qu'une IVG était en cours ou programmée

71. La complicité de suicide par fourniture de moyens est punissable

❏ a. lorsqu'elle concerne un mineur âgé de moins de quinze ans

❏ b. lorsqu'elle concerne une personne particulièrement vulnérable
❏ c. lorsque le suicide a, au moins, été tenté

72. La condamnation du chef de provocation au suicide :

❏ a. suppose que la victime ait réussi à se tuer
❏ b suppose que la victime ait tenté de se tuer
❏ c. peut intervenir quand bien même le destinataire de la provocation n'aurait pas même tenté de mettre fin à ses jours

73. La condamnation du chef d'abus de faiblesse n'implique pas la démonstration préalable de la vulnérabilité lorsque la victime est très âgée.

❏ a. vrai
❏ b. faux

74. Le délit d'abus d'ignorance ou de faiblesse d'autrui peut-être constitué quand bien même l'état de vulnérabilité ne serait pas apparent.

❏ a. vrai
❏ b. faux

Atteintes à la liberté d'aller et venir

(Enlèvement et séquestration, détournement de moyen de transport)

75. L'auteur d'un enlèvement ou d'une séquestration peut encourir la réclusion criminelle à perpétuité.

❑ a. vrai
❑ b. faux

76. Tout ravisseur s'expose à une peine correctionnelle (et non plus criminelle) s'il libère volontairement la personne séquestrée avant :

❑ a. le troisième jour accompli depuis l'arrestation
❑ b. le cinquième jour accompli depuis l'arrestation
❑ c. le septième jour accompli depuis l'arrestation

77. La libération de la victime avant l'expiration du septième jour expose le ravisseur à cinq ans d'emprisonnement si :

❑ a. la libération est volontaire
❑ b. la victime n'a subi aucune atteinte grave
❑ c. la personne séquestrée n'était pas retenue en otage

78. Lorsque la séquestration a provoqué la mutilation ou la mort de la victime, le ravisseur s'expose à des poursuites devant le

tribunal correctionnel (et non devant la cour d'assises) si la libération intervient avant le septième jour accompli depuis l'arrestation.

❑ a. vrai

❑ b. faux

79. **Le détournement d'avion – ou de tout autre moyen de transport – n'est pas punissable si personne ne se trouvait à bord au moment de la prise de contrôle de l'appareil.**

❑ a. vrai

❑ b. faux

80. **Quiconque prend le contrôle d'un avion par la violence ou par la menace de violence peut être poursuivi pour détournement d'aéronef et séquestration.**

❑ a. vrai

❑ b. faux

81. **La communication d'une information fausse relative à un aéronef est répréhensible seulement si l'avion est en vol et que la sécurité de l'appareil se trouve compromise par la transmission de ces données inexactes.**

❑ a. vrai

❑ b. faux

Atteintes à la dignité

(Discriminations, traite des êtres humains, proxénétisme, exploitation de mendicité, diffamation, injures)

82. Peut constituer l'infraction de discrimination le fait de :

❑ a. refuser à une personne handicapée l'accès à un avion

❑ b. de diffuser une offre d'emploi subordonnée (pour le candidat) à la condition de fournir une carte d'électeur

❑ c. refuser l'accès d'une personne à un établissement d'enseignement supérieur en raison du port, par cette dernière, d'un insigne révélant son appartenance à la religion musulmane

83. Le refus d'embauche est toujours discriminatoire dès lors qu'il repose sur une distinction opérée à raison du sexe, de l'âge ou de l'apparence physique.

❑ a. vrai

❑ b. faux

84. La discrimination est une infraction :

❑ a. non intentionnelle

❑ b. matérielle

❑ c. intentionnelle

85. Le délit de traite des êtres humains implique nécessairement le trafic illicite de migrants.

❑ a. vrai

❑ b. faux

86. La condamnation du chef de traite des êtres humains est exclue lorsque le prévenu a organisé, à son profit, la mise à disposition d'une personne.

❑ a. vrai

❑ b. faux

87. La dissimulation forcée du visage est répréhensible seulement si :

❑ a. elle est le fait d'un conjoint, d'un concubin ou d'un ascendant

❑ b. elle intervient dans un lieu public

❑ c. elle est motivée par le sexe de la personne

88. La victime de l'infraction de la dissimulation forcée du visage peut-elle être un homme ?

❑ a. oui

❑ b. non

89. La Cour de cassation considère que la prostitution suppose nécessairement :

❑ a. un rapport sexuel accordé contre rémunération

❑ b. la satisfaction sexuelle d'autrui en contrepartie d'un avantage

❑ c. la satisfaction sexuelle d'autrui contre rémunération

90. La condamnation du chef de proxénétisme requiert que le prévenu ait tiré profit de la prostitution d'autrui.

❑ a. vrai

❑ b. faux

91. Est assimilé à un proxénète quiconque fait office d'intermédiaire entre une personne prostituée et un individu susceptible de lui prêter à titre gratuit le local où elle exercera.

❑ a. vrai
❑ b. faux

92. L'individu faisant office intermédiaire entre une personne qui se livre à la prostitution et une autre qui exploite la prostitution d'autrui, est assimilé à un proxénète :

❑ a. s'il perçoit rémunération en contrepartie de son intervention
❑ b. s'il intervient habituellement dans ce type de rapprochement
❑ c. s'il a conscience de contribuer à l'exercice de la prostitution

93. Le conjoint d'une personne qui se livre habituellement à la prostitution ne sera pas assimilé à un proxénète :

❑ a. si le régime matrimonial du couple est séparatiste
❑ b. si chacun des époux dispose d'une résidence propre
❑ c. si le conjoint non prostitué peut justifier de son train de vie

94. Tout bailleur s'expose à des poursuites du chef de proxénétisme s'il ne donne pas congé à un locataire dont il apprend qu'il se livre à la prostitution dans les lieux loués.

❑ a. vrai
❑ b. faux

95. Le gérant d'un hôtel est assimilé à un proxénète dès lors qu'il laisse sciemment se dérouler un acte de prostitution au sein de son établissement.

❑ a. vrai
❑ b. faux

96. Le proxénétisme est puni de la réclusion criminelle à perpétuité lorsqu'il est commis :

❏ a. à l'égard d'un mineur de quinze ans
❏ b. en bande organisée, avec menace d'une arme
❏ c. en recourant à des tortures ou des actes de barbarie

97. Le seul fait de se tenir debout, légèrement vêtue, sur un trottoir caractérise le délit de racolage passif.

❏ a. vrai
❏ b. faux

98. Le client d'une personne se livrant à la prostitution ne s'expose à aucune sanction pénale.

❏ a. vrai
❏ b. faux

99. Un ressortissant ou résident français qui sollicite ou accepte contre rémunération une relation sexuelle avec un mineur est punissable en France à condition que :

❏ a. la personne prostituée soit mineure au sens de la loi du pays où l'activité prostitutionnelle s'est déroulée
❏ b. la victime ait porté plainte
❏ c. cette activité prostitutionnelle soit incriminée par la loi du pays où il s'est déroulé

100. Le Code pénal incrimine :

❏ a. la mendicité
❏ b. l'exploitation de mendicité
❏ c. le vagabondage

101. Le Code pénal réprime les conditions de travail et d'hébergement contraires à la dignité

❏ a. de toute personne

❑ b. des personnes dont la vulnérabilité est apparente ou connue

❑ c. des personnes dont l'état de dépendance est apparent ou connu

102. Le fait d'obtenir d'une personne dont la vulnérabilité ou l'état de dépendance sont connus de l'auteur, la fourniture de services rétribués en deçà du SMIC est toujours un délit.

❑ a. vrai

❑ b. faux

103. Un employeur s'expose à condamnation lorsqu'il profite des services non rétribués d'un étudiant que la validation de son parcours scolaire contraint à accomplir un stage en entreprise.

❑ a. vrai

❑ b. faux

104. L'infraction d'hébergement contraire à la dignité des personnes n'est pas constituée dès lors que la victime bénéficie d'un régime de protection.

❑ a. vrai

❑ b. faux

105. L'employeur s'expose à des poursuites du chef d'hébergement contraire à la dignité des personnes dès lors qu'il n'assure pas le maintien en bon état des chambres occupées par ses salariés.

❑ a. vrai

❑ b. faux

106. Le bizutage est réprimé quand bien même la victime y participe volontiers.

❑ a. vrai

❑ b. faux

107. L'individu qui attente à l'intégrité d'un cadavre s'expose aux mêmes peines que celui qui viole une sépulture.

❑ a. vrai
❑ b. faux

108. L'élément matériel de la violation de sépulture peut consister dans :

❑ a. la dégradation d'un monument érigé en mémoire d'un mort
❑ b. la détérioration d'une urne cinéraire
❑ c. la destruction des ornements funéraires (fleurs, vases, etc.)

109. La diffamation se distingue de l'injure en ce qu'elle :

❑ a. est plus attentatoire à l'honneur
❑ b. implique l'imputation d'un fait précis
❑ c. peut donner lieu à démonstration

110. Une imputation portant atteinte à l'honneur ou à la considération d'une personne perd son caractère diffamatoire lorsqu'elle est présentée sous une forme :

❑ a. ironique
❑ b. dubitative
❑ c. interrogative

111. La condamnation du chef d'injure n'implique pas le caractère grossier des propos à raison desquels le prévenu est mis en cause.

❑ a. vrai
❑ b. faux

112. La personne poursuivie pour avoir injurié un particulier peut se prévaloir de l'excuse de provocation pour échapper à condamnation pénale.

❑ a. vrai

❑ b. faux

113. Le prévenu peut toujours s'exonérer de responsabilité en démontrant la vérité des imputations diffamatoires.

❑ a. vrai

❑ b. faux

114. Quand bien même il ne parvient pas à démontrer la vérité des allégations qui lui valent une poursuite en diffamation, le prévenu peut tout de même arguer de sa bonne foi.

❑ a. vrai

❑ b. faux

115. La diffamation expose aux mêmes peines (d'emprisonnement et d'amende) que l'injure.

❑ a. vrai

❑ b. faux

Atteintes à la personnalité

(Atteinte à la vie privée, violation de domicile, dénonciation calomnieuse, atteinte aux secrets)

116. L'enregistrement d'une conversation téléphonique par l'un des interlocuteurs à l'insu de l'autre ne constitue pas l'infraction d'atteinte à l'intimité de la vie privée si l'échange porte sur l'activité professionnelle des intéressés.

❑ a. vrai
❑ b. faux

117. L'obtention de paroles prononcées dans un lieu public ne saurait justifier condamnation du chef d'atteinte à l'intimité de la vie privée.

❑ a. vrai
❑ b. faux

118. Le Code pénal réprime quiconque observe sans son consentement une personne qui se trouve dans un lieu privé.

❑ a. vrai
❑ b. faux

119. Ne caractérise pas une violation de domicile l'intrusion dans un lieu dont l'occupant-victime est :

❑ a. propriétaire
❑ b. locataire
❑ c. résident

120. Commet le délit de violation de domicile le conjoint qui continue d'occuper le domicile conjugal en dépit de l'ordonnance par laquelle le juge aux affaires familiales a attribué la jouissance exclusive de ce lieu à l'autre conjoint.

❑ a. vrai
❑ b. faux

121. Quiconque s'introduit dans un appartement contre la volonté du propriétaire s'expose à condamnation du chef de violation de domicile, quand bien même les locaux ne seraient pas effectivement occupés.

❑ a. vrai
❑ b. faux

122. Constituent un domicile au sens de l'article 226-4 CP :

❑ a. une chambre d'hôtel
❑ b. une cellule de détenu
❑ c. une chambre d'hôpital

123. Les accusations mensongères proférées à l'occasion d'un interrogatoire exposent leur auteur à condamnation pour dénonciation calomnieuse.

❑ a. vrai
❑ b. faux

124. L'accusation mensongère susceptible de caractériser une dénonciation calomnieuse peut s'entendre de l'imputation de faits matériellement exacts.

❑ a. vrai
❑ b. faux

125. La fausseté du fait dénoncé résulte nécessairement d'un classement sans suite.

❑ a. vrai
❑ b. faux

126. Le délit d'atteinte au secret professionnel (art. 226-13 CP) suppose la révélation d'une information à caractère secret dont le prévenu était le seul dépositaire.

❏ a. vrai
❏ b. faux

127. Tenu par le secret professionnel, l'avocat ne peut divulguer aucune correspondance échangée avec son client

❏ a. avant le décès de celui-ci
❏ b. sous réserve de son accord
❏ c. à moins que cette révélation ne serve la défense du conseil

128. Sont tenus par le secret professionnel et s'exposent donc à un an d'emprisonnement en cas de révélation des informations qu'ils ont obtenues dans le cadre de leur mission :

❏ a. les assureurs
❏ b. les experts-comptables
❏ c. les notaires
❏ d. les policiers

129. Sont tenus de déposer en justice nonobstant le secret professionnel :

❏ a. les avocats
❏ b. les préposés des postes
❏ c. les médecins
❏ d. les travailleurs sociaux

130. Le délit d'atteinte au secret des correspondances peut consister dans :

❏ a. la destruction du courrier
❏ b. la rétention d'une correspondance
❏ c. l'ouverture d'une enveloppe

Atteintes aux mineurs et à la famille

(Délaissement de mineur, abandon de famille, non-représentation d'enfant, mise en péril de mineurs)

131. Le délaissement de mineur n'est pas répréhensible quand :

❏ a. l'abandon procède d'une faute de surveillance

❏ b. le mineur est âgé d'au moins quinze ans

❏ c. l'auteur a toutefois préservé la santé et la sécurité de l'enfant qu'il abandonnait

132. Le délit d'abandon de famille consiste, pour un conjoint, concubin ou partenaire de PACS, dans le fait de :

❏ a. ne plus fréquenter le foyer familial pendant plus de deux mois

❏ b. disparaître du foyer familial pendant plus de deux mois

❏ c. refuser de participer aux charges financières du foyer familial pendant plus de deux mois

133. Le refus catégorique de l'enfant de rencontrer son père ou sa mère ne justifie jamais l'inertie de l'autre parent lequel s'expose donc à condamnation du chef de non-représentation d'enfant s'il ne vainc la résistance de son fils ou de sa fille.

❏ a. vrai
❏ b. faux

134. La non-représentation d'enfant et la soustraction de mineur exposent aux mêmes sanctions pénales lorsqu'elles sont le fait d'un ascendant.

❏ a. vrai
❏ b. faux

135. Le fait pour un majeur d'avoir une relation sexuelle consentie avec un mineur âgé de plus quinze ans qu'il est allé chercher à la sortie du lycée constitue l'infraction de soustraction de mineur – ancien détournement de mineur.

❏ a. vrai
❏ b. faux

136. La gestation pour autrui n'est pas pénalement sanctionnée.

❏ a. vrai
❏ b. faux

137. Le fait répréhensible consistant dans l'attribution d'un nouveau-né à une femme qui ne lui a pas donné naissance constitue le délit de

❏ a. substitution
❏ b. supposition
❏ c. dissimulation

138. Le fait de maintenir un enfant sur la voie publique ou dans un espace affecté au transport collectif de voyageurs dans le but de solliciter la générosité des passants est répréhensible si :

❑ a. l'enfant est âgé de moins de six ans

❑ b. cette situation compromet la santé de l'enfant

❑ c. les passants ont effectivement remis de l'argent à l'enfant

139. Les parents qui, en dépit d'une mise en demeure de l'inspecteur d'académie, n'inscrivent pas leur enfant dans un établissement d'enseignement encourent six mois d'emprisonnement.

❑ a. vrai

❑ b. faux

140. Le fait, pour un majeur, de proposer un rapport sexuel à un mineur est répréhensible :

❑ a. si le mineur est âgé de moins de quinze ans

❑ b. si la proposition est faite en utilisant un moyen de communication électronique

❑ c. quand bien même l'offre ne donne pas lieu à rencontre

141. Le fait, pour un majeur, d'avoir une relation sexuelle consentie avec un mineur âgé d'au moins quinze ans n'est jamais répréhensible.

❑ a. vrai

❑ b. faux

Infractions contre les biens

Appropriations frauduleuses
Recel et infractions assimilées
Destructions, dégradations et détériorations

Appropriations frauduleuses

(Vol, extorsion, chantage,
escroquerie, filouterie, abus de confiance)

142. Le vol est toujours un délit.

❑ a. vrai

❑ b. faux

143. L'infraction de vol est exclusive de la remise de la chose par le propriétaire.

❑ a. vrai

❑ b. faux

144. L'employé qui reproduit des documents appartenant à son employeur échappe à condamnation du chef de vol lorsque les photocopies en cause étaient strictement nécessaires à l'exercice des droits de la défense dans le cadre du litige prud'homal opposant les parties.

❑ a. vrai

❑ b. faux

145. Le propriétaire d'un bien indivis commet un vol s'il en dispose seul.

❑ a. vrai

❑ b. faux

146. Le vol est caractérisé lorsque l'auteur a momentanément soustrait un bien même s'il l'a aussitôt remis à son propriétaire après usage.

❑ a. vrai
❑ b. faux

147. Le vol expose son auteur à cinq ans d'emprisonnement lorsqu'il est commis :

❑ a. par une personne en état d'ivresse manifeste
❑ b. dans un local d'habitation même sans effraction
❑ c. par une personne dissimulant son visage

148. Le vol commis au préjudice du conjoint, d'un ascendant ou d'un descendant n'est jamais punissable.

❑ a. vrai
❑ b. faux

149. Peut constituer une extorsion le fait d'imposer à autrui – par la force ou la contrainte – qu'il s'abstienne d'accomplir un acte particulier.

❑ a. vrai
❑ b. faux

150. La soustraction frauduleuse du bien d'autrui, lorsqu'elle est accompagnée de violence, peut être indifféremment qualifiée de vol ou d'extorsion.

❑ a. vrai
❑ b. faux

151. La mendicité expose à condamnation pénale lorsqu'elle est pratiquée :

❑ a. à proximité des écoles ou des lieux de culte
❑ b. en réunion et de manière agressive
❑ c. sous la menace d'un animal dangereux

152. Le maître chanteur poursuit le même but que l'auteur d'une extorsion.

- ❑ a. vrai
- ❑ b. faux

153. L'extorsion expose aux mêmes peines que le chantage.

- ❑ a. vrai
- ❑ b. faux

154. Le maître chanteur est répréhensible s'il a obtenu ou tenté d'obtenir des fonds en menaçant :

- ❑ a. de révéler l'orientation sexuelle de la victime
- ❑ b. d'imputer à la victime des faits diffamatoires imaginaires
- ❑ c. de porter plainte

155. La condamnation du chef de chantage suppose que le maître chanteur ait tiré un profit pécuniaire de ses menaces.

- ❑ a. vrai
- ❑ b. faux

156. Le mensonge caractérise l'escroquerie – sous réserve des autres éléments de l'infraction (intention, remise, préjudice) –, dès lors qu'il consiste à faire l'usage déterminant :

- ❑ a. d'un faux nom
- ❑ b. d'un faux prénom
- ❑ c. d'une fausse profession
- ❑ d. de la fausse qualité de mandataire

157. Les manœuvres frauduleuses de l'escroc peuvent consister dans la seule présence passive d'un tiers dit certificateur.

- ❑ a. vrai
- ❑ b. faux

158. Sous l'empire de l'ancien Code pénal, la condamnation du chef d'escroquerie supposait l'existence d'une tromperie qui avait fait naître dans l'esprit de la dupe l'espérance ou la crainte d'un événement chimérique. Depuis l'entrée en vigueur du nouveau Code pénal, la répression de l'escroquerie n'est plus soumise à cette dernière condition.

❑ a. vrai
❑ b. faux

159. L'escroquerie n'est pas constituée dès lors que la remise profite à un tiers plutôt qu'à l'auteur de la tromperie.

❑ a. vrai
❑ b. faux

160. La condamnation du chef d'escroquerie suppose l'existence d'un préjudice lequel consiste dans le profit que l'escroc a tiré de la tromperie.

❑ a. vrai
❑ b. faux

161. L'escroquerie aggravée peut relever de la cour d'assises.

❑ a. vrai
❑ b. faux

162. Le Code pénal incrimine la tentative :

❑ a. de vol
❑ b. d'escroquerie
❑ c. de filouterie
❑ d. d'abus de confiance

163. La filouterie d'hôtellerie suppose que le mis en cause ait occupé la chambre pendant une durée qui n'excède pas dix jours.

❑ a. vrai
❑ b. faux

164. Le Code pénal incrimine la filouterie :

❑ a. de transport par autocar
❑ b. de coiffeur
❑ c. de prestations esthétiques (manucure, épilation, etc.)

165. Le délit d'abus de confiance suppose nécessairement que la chose détournée ait été préalablement remise dans le cadre d'un contrat.

❑ a. vrai
❑ b. faux

166. Le détournement sanctionné au titre de l'abus de confiance peut porter sur :

❑ a. un bien matériel
❑ b. un bien incorporel
❑ c. un bien immobilier

167. Commet un abus de confiance l'individu qui ne respecte pas l'obligation par laquelle il s'était engagé à affecter à un certain type de dépenses les sommes qui lui avaient été prêtées.

❑ a. vrai
❑ b. faux

168. Constitue un un abus de confiance le fait de ne pouvoir restituer une somme d'argent à l'échéance prévue.

❑ a. vrai
❑ b. faux

169. Pour entrer en condamnation, les juges du fond doivent nécessairement caractériser le préjudice causé par le détournement.

❑ a. vrai
❑ b. faux

170. Toute condamnation du chef d'organisation frauduleuse de l'insolvabilité suppose nécessairement que le prévenu ait augmenté son passif ou diminué son actif après le prononcé de sa condamnation pécuniaire par une juridiction civile ou pénale.

❏ a. vrai

❏ b. faux

Autres atteintes aux biens

(Recel, destructions, blanchiment)

171. Le recel consiste à détenir ou profiter d'une chose en sachant qu'elle provient :

- ❑ a. d'un crime ou d'un délit puni d'un emprisonnement d'une durée d'au moins trois ans
- ❑ b. d'un crime ou d'un délit
- ❑ c. d'une infraction

172. Le droit français sanctionne le recel de :

- ❑ a. de favoritisme
- ❑ b. d'abus de biens sociaux
- ❑ c. de filouterie de carburant
- ❑ d. de délit d'initié
- ❑ e. de prise illégale d'intérêts
- ❑ f. de violation du secret professionnel

173. Le fait de consommer une boisson que le prévenu sait provenir d'un vol est répréhensible au titre du recel.

- ❑ a. vrai
- ❑ b. faux
- ❑ c. ça dépend de la boisson

174. Constitue l'infraction de recel le fait de détenir sciemment un véhicule acquis grâce à l'argent provenant de la vente de biens volés.

❑ a. vrai

❑ b. faux

175. La condamnation du receleur suppose que :

❑ a. l'auteur de l'infraction d'origine soit identifié

❑ b. l'auteur de l'infraction d'origine ait lui-même été condamné

❑ c. la prescription de l'action publique ne soit pas acquise quant à l'infraction d'origine

176. Le recel peut exposer à la réclusion criminelle.

❑ a. vrai

❑ b. faux

177. L'infraction de défaut de justification du train de vie peut consister dans le fait de ne pouvoir justifier de ses ressources et d'entretenir des relations habituelles avec une ou plusieurs personnes qui se livrent à la commission :

❑ a. de crimes

❑ b. de délits

❑ c. de délits punis d'au moins cinq ans d'emprisonnement

178. Le Code pénal français incrimine les dégradations involontaires.

❑ a. vrai

❑ b. faux

179. Les dégradations qui n'entraînent qu'un dommage léger relèvent du tribunal de police sous réserve qu'il ne s'agisse pas de tags.

❑ a. vrai

❑ b. faux

180. L'individu qui provoque involontairement – et sans violer délibérément une obligation particulière de sécurité – un incendie de forêt, de landes ou de maquis encourt :

❑ a. sept ans d'emprisonnement s'il a causé la mort d'autrui
❑ b. cinq ans d'emprisonnement s'il a causé une ITT d'au moins huit jours
❑ c. trois ans s'il a exposé les personnes à un dommage corporel

181. Une fausse alerte à la bombe n'est pas répréhensible dès lors qu'elle relève d'une (mauvaise) plaisanterie.

❑ a. vrai
❑ b. faux

182. La condamnation du chef de blanchiment suppose nécessairement que le prévenu sache la nature du crime ou du délit commis par celui auquel il apporte son concours.

❑ a. vrai
❑ b. faux

183. L'auteur principal ne peut pas être poursuivi pour blanchiment des sommes produites par sa propre activité illicite.

❑ a. vrai
❑ b. faux

Infractions contre la Nation, l'État et la paix publique

Atteintes aux intérêts fondamentaux
Terrorisme
Atteintes à l'autorité de l'État
Atteintes à la confiance publique

Atteintes aux intérêts fondamentaux et terrorisme

(Trahison, espionnage, attentat, terrorisme)

184. Le fait pour un Français de livrer à une puissance étrangère, à une entreprise ou à une organisation étrangère des renseignements informatisés ou fichiers dont l'exploitation est de nature à porter atteinte aux intérêts fondamentaux de la Nation constitue l'infraction de :

❑ a. sabotage

❑ b. espionnage

❑ c. trahison

185. Au sens du Code pénal français, les qualifications d'attentat et de terrorisme s'appliquent indifféremment aux mêmes actes.

❑ a. vrai

❑ b. faux

186. Peut constituer un acte de terrorisme :

❑ a. le faux en écriture publique

❑ b. le recel de malfaiteur

❑ c. le détournement d'aéronef

❑ d. le vol

Atteintes à l'autorité de l'État

(Abus d'autorité, manquements au devoir de probité, outrage, rébellion, entraves à la justice)

187. L'atteinte arbitraire à la liberté d'aller et venir que commet dans l'exercice de ses fonctions un dépositaire de l'autorité publique peut l'exposer à la réclusion criminelle.

❏ a. vrai

❏ b. faux

188. La violation de domicile est plus lourdement sanctionnée lorsqu'elle est le fait d'une personne dépositaire de l'autorité publique ou chargée d'une mission de service public.

❏ a. vrai

❏ b. faux

189. La bigamie est un délit.

❏ a. vrai

❏ b. faux

190. Seule une personne dépositaire de l'autorité publique, chargée d'une mission de service public ou investie d'un mandat électif peut être condamnée du chef de :

❏ a. concussion

❏ b. corruption

❏ c. trafic d'influence

❏ d. prise illégale d'intérêts

191. La tentative de corruption n'est pas incriminée.

❏ a. vrai
❏ b. faux

192. L'outrage n'est pas punissable s'il est commis à l'égard d'une personne dépositaire de l'autorité publique qui n'est pas en service.

❏ a. vrai
❏ b. faux

193. La non-dénonciation de crime est punissable seulement si l'infraction est en cours ou sur le point de se commettre.

❏ a. vrai
❏ b. faux

194. L'auteur d'un homicide volontaire peut être condamné non seulement pour meurtre, mais encore pour recel de cadavre.

❏ a. vrai
❏ b. faux

195. Le délit de fuite suppose qu'une personne, qui vient de causer un accident, s'éloigne du lieu du dommage dans le but exclusif d'échapper à sa responsabilité.

❏ a. vrai
❏ b. faux

196. Une personne placée en garde à vue qui prend la fuite peut être condamnée du chef d'évasion seulement si :

❏ a. elle est soupçonnée de crime ou délit puni d'au moins cinq ans d'emprisonnement
❏ b. elle a déjà été condamnée pour évasion
❏ c. elle a déjà été condamnée pour crime ou délit dans les cinq ans écoulés

Atteintes à la confiance publique

(Faux, usage de faux, fausse monnaie)

197. L'omission volontaire d'un bien dans l'inventaire établi par un curateur et remis au juge des tutelles constitue un faux.

❑ a. vrai

❑ b. faux

198. Celui qui use d'un faux ne s'expose jamais à des peines plus lourdes que l'auteur du faux.

❑ a. vrai

❑ b. faux

199. Relève de la cour d'assises l'acte par lequel un officier de police judiciaire altère frauduleusement la vérité en modifiant les termes d'un procès-verbal.

❑ a. vrai

❑ b. faux

200. Constitue un délit le fait d'utiliser un document délivré par l'administration publique dont certaines mentions, exactes au moment de l'établissement du document, sont devenues inexactes.

❑ a. vrai

❑ b. faux

201. La contrefaçon ou la falsification des pièces de monnaie ou des billets de banque ayant cours légal en France est punie de :

❏ a. dix ans d'emprisonnement
❏ b. quinze ans de réclusion criminelle
❏ c. trente ans de réclusion criminelle

RÉPONSES

Infractions contre les personnes

Crimes contre l'humanité
Atteintes à la vie
Atteintes à l'intégrité
Mise en danger
Atteintes aux libertés
Atteintes à la liberté
Atteintes à la personnalité
Atteintes aux mineurs et à la famille

Crimes contre l'humanité et contre l'espèce humaine

(Génocide, crimes contre l'humanité *stricto sensu*, eugénisme, clonage thérapeutique)

1.

c. d'un plan concerté

Si les crimes contre l'humanité sont par définition l'expression d'un plan concerté, ils ne tendent pas nécessairement à l'extermination des hommes. Peuvent en effet constituer des crimes contre l'humanité : la déportation, la torture, la réduction en esclavage, etc.

2.

c. une population arbitrairement déterminée

Aux termes de l'article 211-1 CP, le génocide tend à « la destruction totale ou partielle d'un groupe national, ethnique, racial ou religieux, ou d'un groupe déterminé à partir de tout autre critère arbitraire ».

3.

a. vrai

Les autres modalités du génocide sont l'atteinte volontaire à la vie, l'atteinte grave à l'intégrité physique ou psychique, la soumission à des conditions d'existence de nature à entraîner la destruction totale ou partielle d'un groupe et l'entrave des naissances (art. 212-1 CP).

4.

b. faux

L'article 212-1 CP dispose que la réduction en esclavage relève de la catégorie des crimes contre l'humanité lorsqu'elle est « commise en exécution d'un plan concerté à l'encontre d'un groupe de population civile dans le cadre d'une attaque généralisée ou systématique ».

5.

b. faux

Avant l'entrée en vigueur de la loi du 9 août 2010, cette caractéristique était commune à l'ensemble des crimes contre l'humanité. Depuis l'entrée en vigueur de ce texte, il semble que certains actes peuvent recevoir cette qualification, quel que soit le mobile de leur auteur, dès lors qu'ils sont commis à l'encontre d'une population civile, dans le cadre d'une attaque généralisée ou systématique – ainsi de la torture, du viol, de la prostitution forcée, du transfert forcé de population, etc.

6.

a. vrai

Pour éviter les discussions autour du point de savoir si ce type d'ordre a pu ne pas paraître manifestement illégal à son destinataire (cf. art. 122-4, al. 2 CP), le législateur a prévu que l'auteur ou le complice d'un crime contre l'humanité *lato sensu* ne peut être exonéré de sa responsabilité du seul fait qu'il a accompli un acte commandé par l'autorité légitime (art. 213-4 CP). Le même texte prévoit toutefois que la jurisprudence tient compte de cette circonstance lorsque le tribunal détermine la peine.

7.

aucune case correcte

Cette infraction constitue un crime puni de trente ans de réclusion et de 7 500 000 euros d'amende (art. 214-1 CP).

8.

c. **illégal**

Le clonage reproductif est un crime consistant dans le fait de procéder à une intervention ayant pour but de faire naître un enfant génétiquement identique à une autre personne vivante ou décédée. Cette infraction est punie de trente ans de réclusion criminelle et de 7 500 000 euros d'amende (art. 214-2 CP).

Atteintes à la vie

(Meurtre, empoisonnement, homicide involontaire)

9.

b. assassinat

Le meurtre consiste dans le fait de donner volontairement la mort à autrui (art. 221-1 CP) – de sorte que le terme d'homicide est inadéquat puisqu'il procède, le cas échéant, d'une imprudence.

L'assassinat constitue en effet un meurtre aggravé par la préméditation ou (depuis l'entrée en vigueur de la loi du 17 mai 2011) le guet-apens : si les assassins sont tous des meurtriers, la réciproque est donc inexacte (art. 221-3 CP).

Les coups mortels se distinguent du meurtre en ce que leur auteur a certes sciemment exercé des violences sur autrui, mais n'a pas recherché leur résultat mortel (art. 222-7 CP).

10.

aucune case correcte

Le consentement de la victime n'est pas justificatif du meurtre. Pour autant, le souci de respecter la volonté des malades incurables en état de grande souffrance a conduit le législateur de 2005 à récuser l'acharnement thérapeutique et à légaliser les soins palliatifs (art. 1110-5, al. 2 CSP) – ce qui ne revient pas à donner la mort mais à concourir à son avènement anticipé.

11.

a. **une femme enceinte**
b. **un enseignant dans l'exercice ou du fait de ses fonctions**
c. **une personne en raison de son refus de contracter mariage**

Le meurtre simple est puni de trente ans de réclusion criminelle. Le législateur a toutefois consacré plusieurs circonstances aggravantes (art. 221- 2, 3 et 4 CP), lesquelles exposent auteurs et complices de l'homicide à la réclusion perpétuelle. Ainsi, en dehors des hypothèses ci-dessus évoquées, le meurtre est encore puni de la réclusion à perpétuité lorsqu'il précède, accompagne ou suit un autre crime, lorsqu'il est commis sur un mineur âgé de moins de quinze ans, sur un ascendant légitime ou naturel ou sur les père ou mère adoptifs, sur une personne particulièrement vulnérable, par plusieurs personnes agissant en bande organisée, à raison de l'orientation sexuelle de la victime, de son appartenance ou non-appartenance, vraie ou supposée, à une ethnie, une nation, une race, une religion, etc.

12.

aucune case correcte

La circonstance aggravante tirée de cette qualité affective ne s'applique qu'autant que le meurtre est commis « en raison des relations ayant existé entre l'auteur des faits et la victime » (art. 132-80 CP).

13.

a. **vrai**

Le nouveau Code pénal ne fait en effet plus référence à l'infanticide – soit le meurtre d'un enfant nouveau-né survenu dans les trois jours de sa naissance (ancien article 300 CP). Cet acte n'en demeure pas moins incriminé : le nouveau texte punit de la réclusion à perpétuité le meurtre commis sur un mineur âgé de moins de quinze ans (art. 221-4, 1° CP).

14.

a. vrai

Quand bien même l'auteur des faits se trouvait dans l'impossibilité matérielle de donner la mort – déjà survenue –, il n'en était pas moins animé d'une intention homicide. En d'autres termes, dans cette hypothèse dite du « délit impossible », il ne tient qu'à une circonstance étrangère à la volonté de l'agent qu'il ne donne lui-même la mort à autrui (Crim., 16 janvier 1986).

15.

c. trente ans de réclusion criminelle

La réclusion à perpétuité est encourue lorsque l'empoisonnement s'accompagne de l'une des circonstances aggravantes de nature à exposer l'auteur d'un meurtre à la peine perpétuelle (art. 221-5 al. 2 CP).

16.

a. vrai

L'empoisonnement relève de la catégorie des infractions dites formelles : peu importe que le résultat pourtant recherché par l'auteur de l'acte (ou son complice) n'ait pas été atteint – dès lors qu'il était animé d'une intention homicide au moment où il administrait une substance mortifère.

17.

a. d'une seule dose de substance mortifère
b. d'une substance mortelle à long terme
c. prolongée d'une substance dont l'absorption isolée n'est pas mortelle

---

Le délai compris entre l'administration de la substance et l'effet mortel qu'elle produit est donc un paramètre indifférent.

18.

b. faux

Dans un arrêt du 2 juillet 1998, la Cour de cassation a posé en principe que « la seule connaissance du pouvoir mortel d'une substance incriminée ne suffit pas à caractériser l'intention homicide ». La condamnation du chef d'empoisonnement suppose donc que l'accusé ait administré la substance mortifère dans le but de donner la mort.

19.

c. un mandat criminel

Cette infraction permet de sanctionner l'instigateur (auquel son homme de main fait faux) bond sans distordre le concept de tentative.

20.

aucune case correcte

Seuls les mandats tendant à commettre un assassinat ou un empoisonnement sont incriminés.

21.

b. faux

La peine la plus lourde peut atteindre dix ans d'emprisonnement. Cette sanction est par exemple encourue par l'individu dépourvu du droit de conduire qui provoque un accident de la route mortel et prend la fuite (art. 221-6-1 CP).

22.

a. vrai

La nature du lien de causalité (direct ou indirect) est sans incidence sur la responsabilité pénale des personnes morales : elles répondent des infractions non-intentionnelles commises en leur nom et pour leur compte par leur organe – y compris lorsque la faute simple qu'il a commise en sa qualité d'auteur indirect du dommage lui vaut d'être renvoyé des fins de la poursuite (Crim., 24 octobre 2000).

23.

b. faux

Les violences involontaires ayant entraîné une incapacité totale de travail inférieure ou égale à trois mois constituent une contravention de la 5e classe (art. R. 625-2 CP) – tandis que celles qui n'entraînent pas d'incapacité sont des contraventions de la 2e classe (art. R. 622-1 CP).

24.

a. vrai

La condamnation du chef de violences involontaires suppose que le prévenu ait participé à la survenance du dommage, ce qui veut dire que le lien de causalité n'est pas nécessairement exclusif et donc que le comportement fautif de la victime n'est pas exonératoire – à moins que sa faute ne soit la cause exclusive de son dommage (Crim., 12 mars 1991).

Atteintes à l'intégrité

(Violences, menaces, agressions sexuelles, harcèlement, trafic de stupéfiants)

25.

a. vrai

Depuis l'entrée en vigueur du nouveau Code pénal, ces actes font l'objet d'une incrimination spécifique (art. 222-1 CP). Sous l'empire de l'ancien Code pénal, la torture et les actes de barbarie relevaient des circonstances aggravantes – et n'étaient pris en compte qu'autant que l'auteur d'un crime ou d'un délit y recourait pour parvenir à ses fins. Cette conception finaliste n'a plus cours : les agissements cruels sont désormais punis quand bien même ils ne seraient l'instrument d'aucun dessein répréhensible.

26.

a. vrai

Aussi curieux que cela puisse paraître, le législateur de 2004 semble avoir considéré que la sauvagerie pouvait en partie procéder de l'incivisme contemporain et qu'une expéditive leçon de « savoir vivre ensemble » est susceptible de constituer une rétribution en même temps qu'un moyen de dissuasion adéquats.

27.

a. **un crime**
b. **un délit**
c. **une contravention**

Constituent par exemple un crime – puni de vingt ans de réclusion – les violences ayant entraîné une mutilation ou une infirmité permanente commises, par un ascendant ou toute autre personne ayant autorité, sur un mineur âgé de moins de quinze ans (art. 222-10, al. 2 CP).

Les violences volontaires ayant entraîné une incapacité totale de travail supérieure à huit jours sont punies de peines correctionnelles dont la teneur varie en fonction des circonstances aggravantes (art. 222-11 et 12 CP) – la durée de l'emprisonnement peut en effet atteindre trois, cinq, sept voire dix ans selon que les violences sont simples ou accompagnées d'une ou plusieurs circonstances aggravantes.

Les violences volontaires n'ayant entraîné aucune incapacité de travail sont des contraventions de la 4e classe (art. R. 625-1 CP).

28.

b. **faux**

La responsabilité pénale d'un individu peut être engagée sur le fondement des articles qui répriment les violences volontaires quand bien même il n'a pas physiquement touché la victime : tout comportement caractérise matériellement l'infraction dès lors qu'il provoque un choc émotif.

29.

a. **vrai**

Seule compte en effet la volonté de commettre un acte attentatoire – dont le résultat est aléatoire : « l'infraction se trouve constituée dès lors qu'il existe un acte volontaire de violence ou une voie de fait, dirigée contre une ou plusieurs personnes [...] alors même que son auteur n'a pas voulu causer le dommage qui en est résulté » (Crim., 3 octobre 1991).

30.

a. violences volontaires
c. administration de substances nuisibles

Ces infractions ne sont constituées qu'autant qu'une atteinte effective en a résulté. Rien de tel en revanche avec les appels téléphoniques malveillants et les agressions sonores. Ces agissements exposent leur auteur à un an d'emprisonnement et 15 000 euros d'amende dès lors qu'ils sont accomplis « en vue de troubler la tranquillité d'autrui ». (art. 222-16 CP).

31.

b. aggravante

Depuis l'entrée en vigueur de la loi du 5 mars 2007, l'état d'ivresse manifeste (pas l'état d'imprégnation alcoolique) est en effet une circonstance aggravante. Les violences volontaires sont également plus lourdement sanctionnées lorsqu'elles sont le fait d'une personne sous l'emprise manifeste de produits stupéfiants (art. 222-12, 14° CP).

32.

b. non

L'arme est définie par le Code pénal (art. 132-75 CP) comme un objet conçu ou utilisé afin de tuer ou blesser. Dans la mesure où l'animal n'est pas un objet, il ne peut pas être considéré comme une arme par destination. C'est la raison pour laquelle le législateur de 1996 a précisé que « l'utilisation d'un animal pour tuer, blesser ou menacer est assimilée à l'usage d'une arme » (art. 132-75, dernier alinéa CP).

33.

a. vrai

La tentative d'infraction, quelle qu'elle soit, s'entend d'un acte intentionnel : l'auteur entreprend l'acte délictueux en vue d'un résultat prédéterminé. Dans le cadre des violences volontaires, ce résultat est nécessairement aléatoire (plus ou moins longue ITT, infirmité temporaire ou définitive, etc.). Dans la mesure où la gravité du dommage ne peut être connue avant la commission de l'infraction, la tentative ne peut pas être incriminée. Pour autant, le législateur érige en délit distinct certains comportements préparatoires. La loi du 2 mars 2010 a par exemple incriminé « le fait de participer sciemment à un groupement, même formé de façon temporaire, en vue de la préparation, caractérisée par un ou plusieurs faits matériel, de violences volontaires contre les personnes ou de destructions ou dégradations de biens » (art. 222-14-2 CP).

34.

a. vrai

L'embuscade se distingue du guet-apens en ce qu'elle constitue une infraction à part entière – tandis que le guet-apens s'entend d'une circonstance aggravante (art. 132-71-1 CP).

Aux termes de l'article 222-15-1 CP, constitue une embuscade le fait d'attendre un certain temps et dans un lieu déterminé [...] toute personne dépositaire de l'autorité publique, ainsi qu'un sapeur-pompier civil ou militaire ou un agent exploitant de réseau de transport public de voyageurs, dans le but, caractérisé par un ou plusieurs faits matériels, de commettre à son encontre, à l'occasion de l'exercice de ses fonctions ou de sa mission, des violences avec usage ou menace d'une arme. L'embuscade consiste donc dans le guet-apens tendant à commettre des violences à main armée à l'encontre de personnes agissant dans l'exercice de leur mission de service public.

35

b. faux

L'auteur de la menace pourra être condamné s'il a assorti ses propos d'une condition (art. 222-18, al. 1er CP).

36

b. faux

Les menaces réitérées ou matérialisées ne sont punissables qu'autant qu'elles tendent à la commission, d'une part, d'un crime ou d'un délit dont la tentative est punissable (art. 222-17 CP), d'autre part, de violences contraventionnelles (art. R. 623-1 CP). La tentative de violences correctionnelles n'étant pas incriminée, les menaces de violences de ce type ne sont donc pas répréhensibles. Elles sont en revanche punissables dès lors qu'assorties d'une condition (art. 222-18 CP).

37

aucune case correcte

La loi ne prévoit aucun délai entre la première et la seconde menace.

38

b. faux

La répression suppose en revanche que les menaces prononcées hors sa présence soient parvenues à sa connaissance.

39

aucune case correcte

Les menaces sont répréhensibles quelle que soit la teneur de l'obligation (positive ou négative) que contient l'ordre.

La Cour de cassation considère que l'article 222-18 CP n'exclut pas que l'ordre de remplir une condition accompagnant les menaces soit donné par une autre personne que l'auteur desdites menaces (Crim., 6 mai 2002).

Même si le prévenu a menacé autrui en défense d'un droit légitime, son action n'était pas justifiée : l'infraction est constituée y compris quand l'ordre dont la menace se trouve assortie n'est pas injuste.

40

b. **à raison de l'appartenance ou de la non-appartenance, vraie ou supposée, de la victime à une ethnie, une nation, une race ou une religion déterminée**

c. **à raison de l'orientation sexuelle vraie ou supposée de la victime**

e. **par le conjoint, le concubin ou le partenaire de PACS de la victime**

Ce sont là les seules circonstances aggravantes prévues par le Code pénal. Les menaces de mort sous condition exposent par exemple leur auteur à sept ans d'emprisonnement – plutôt qu'à cinq – lorsqu'elles interviennent dans l'une de ces circonstances.

41

c. **d'outrage à la pudeur**

L'un des éléments constitutifs de l'atteinte sexuelle *stricto sensu* réside dans l'âge de la victime : ce type d'acte n'est incriminé qu'autant qu'il est accompli à l'égard d'un mineur.

42

a. vrai

L'agression sexuelle est un crime ou un délit imposé à la victime par la violence, la contrainte, la menace ou la surprise – soit des caractéristiques incompatibles avec l'assentiment partiel de la victime (Crim., 20 juin 2001).

43

a. vrai

Le viol simple est puni de quinze ans de réclusion criminelle (art. 222-23 CP). Les autres agressions sexuelles (autrement dit les attouchements sexuels non consentis) exposent les auteurs à des peines correctionnelles dont les plus lourdes peuvent atteindre dix ans d'emprisonnement. Les agressions sexuelles autres que le viol sont par exemple punies de dix ans d'emprisonnement et 100 000 euros d'amende lorsqu'elles sont imposées par une personne en état d'ivresse manifeste à un mineur âgé de moins de quinze ans ou à une personne particulièrement vulnérable (art. 222-29 et 30, 7° CP).

44

b. faux

Depuis l'entrée en vigueur de la loi du 4 avril 2006, le Code pénal dispose expressément que le viol et les autres agressions sexuelles sont constitués lorsqu'ils ont été imposés à la victime quelle que soit la nature des relations existant entre l'agresseur et sa victime, y compris s'ils sont unis par les liens du mariage (art. 222-22, al. 2 CP) – ce qui veut dire que le mariage (pas plus qu'aucune autre forme d'union) n'autorise la contrainte sexuelle d'un partenaire sur l'autre.

45

b. faux

Ce crime sexuel mortel est puni de trente ans de réclusion criminelle (art. 222-25 CP). Seul le viol précédé, accompagné ou suivi de tortures ou d'actes de barbarie est puni de la réclusion criminelle à perpétuité (art. 222-26 CP).

46

a. l'introduction de l'organe sexuel masculin dans l'anus de la victime
b. la pénétration digitale dans le vagin de la victime

Le viol consiste dans tout acte, forcé ou surpris, de pénétration sexuelle. Par arrêt du 16 décembre 1997, la Cour de cassation avait estimé que tout acte de fellation constitue un viol dès lors qu'il est imposé à celui qui le subit ou le pratique. La juridiction est revenue sur cette jurisprudence : les pénétrations buccales pratiquées par l'auteur sur la victime ne caractérisent pas le crime de viol, mais le délit d'agression sexuelle.

47

b. faux

L'agression sexuelle suppose un contact physique entre l'auteur de l'acte et la victime. Le « choc émotif sexuel » peut donner lieu à poursuites sur le fondement des textes qui incriminent l'exhibition sexuelle (art. 222-32 CP) ou le harcèlement sexuel (art. 222-33 CP).

48

b. faux

Depuis 2004, les personnes morales peuvent répondre pénalement de toutes les infractions commises pour leur compte (art. 121-2 CP).

49

b. faux

Ces conditions avaient cours avant l'entrée en vigueur de la loi du 17 janvier 2002. Depuis lors, encourt les peines relatives au harcèlement sexuel (un an d'emprisonnement et 15 000 euros d'amende) quiconque harcèle de quelque manière que ce soit autrui dans le but d'obtenir des faveurs de nature sexuelle (art. 222-33 CP). Se rend par exemple coupable de l'infraction l'employeur qui exerce sur ses salariés une pression quasi quotidienne (allusions à connotation sexuelle et gestes déplacés) pour obtenir des faveurs de nature sexuelle (Crim., 30 septembre 2009), mais pas celui qui se contente de tenir des propos obscènes devant ses employés ou de signifier à l'un d'entre eux son inclination affective en lui adressant des « signaux sociaux conventionnels » (*Douai*, 10 septembre 1997).

50

a. s'est contenté d'accomplir des gestes obscènes sans montrer aucune partie de son corps
b. s'est dénudé dans un lieu privé
c. s'est dénudé dans un lieu public ouvert à un public avisé

L'exhibition sexuelle implique que le prévenu ait cherché à imposer au regard d'autrui tout ou partie de ses attributs sexuels ou bien les postures indécentes dont il accompagnait sa nudité (Crim., 4 janvier 2006).

L'individu dénudé qui se trouve dans un lieu inaccessible au regard fortuit du public ne s'exhibe pas.

L'infraction n'est pas caractérisée lorsque « l'auteur » se dénude dans un lieu public où la nudité est admise, voire pratiquée de principe (scène de spectacle érotique, camp de naturisme, etc.).

Mise en danger

(Risques causés à autrui, délaissement,
non-assistance à personne en péril,
entrave aux secours, abus de faiblesse)

51.

c. désigne un groupe d'infractions

Le législateur a en effet rassemblé sous cette expression sept infractions : les risques causés à autrui (art. 223-1 et 2 CP), le délaissement d'une personne hors d'état de se protéger (art. 223-3 et 4 CP), l'entrave aux mesures d'assistance et l'omission de porter secours (art. 223-5 à 7-1 CP), l'expérimentation sur la personne (art. 223-8 et 9 CP), l'interruption de grossesse (art. 223-10 CP), la provocation au suicide (art. 223-13 à 15-1 CP) et l'abus frauduleux de l'état d'ignorance ou de faiblesse (art. 223-15-2 CP).

52.

b. faux

La consommation de ces infractions (risques causés à autrui, entrave aux secours, interruption illégale d'IVG, etc.) consiste précisément dans la mise en danger – indépendamment de ses suites.

53.

b. faux

Le champ d'application de l'article 223-1 CP est illimité. Ce texte s'applique à quiconque expose directement autrui à un risque immédiat de mort ou de blessures de nature à entraîner une mutilation ou une infirmité permanente par la violation manifestement délibérée d'une obligation particulière de prudence ou de sécurité imposée par la loi ou le règlement.

54.

b. faux

L'auteur de la mise en danger n'engage sa responsabilité qu'autant qu'il a violé les dispositions générales et impersonnelles d'un acte administratif – autrement dit un règlement au sens constitutionnel de ce terme.

55.

b. faux

La culpabilité du prévenu dépend du seul point de savoir s'il a violé de façon manifestement délibérée l'obligation particulière de prudence ou de sécurité. Toute décision de condamnation doit donc établir une imprudence caractérisée, autrement dit la volonté manifeste du prévenu de violer l'obligation de prudence ou sécurité (Crim., 16 octobre 2007) – soit une preuve qui tient souvent à la réitération de la violation.

56.

a. vrai

Le délit est caractérisé quand le manquement a directement exposé autrui à un risque immédiat de mort ou de mutilation. La Cour de cassation censure la cour d'appel dès lors qu'elle ne caractérise pas un comportement particulier qui, s'ajoutant au dépassement de vitesse autorisée, aurait exposé directement autrui à un risque immédiat de mort ou de mutilation (Crim., 19 avril 2000).

57.

a. oui

La Cour de cassation a jugé que devait être retenu dans les liens de cette prévention le maire qui avait donné l'ordre à son chauffeur – lequel avait obéi – de griller un feu rouge, en fin de matinée, près de la gare SNCF, dans un quartier urbain à forte densité de circulation (Crim., 6 juin 2000).

58.

aucune case correcte

La durée du délaissement – de même que le moment où il intervient – est indifférente. Même temporaire, l'abandon d'une personne vulnérable s'entend d'un délaissement.

59.

b. faux

Le délaissement implique un acte positif d'abandon – de sorte que le désintérêt plus ou moins prolongé dont un individu fait preuve à l'égard d'une personne vulnérable dont il a la charge ne peut lui valoir condamnation (Crim., 13 novembre 2007).

60.

a. vrai

Le délaissement, tel que l'envisage la Cour de cassation, suppose en effet la volonté d'abandonner définitivement – soit une tournure d'esprit rare et difficile à prouver (Crim., 13 novembre 2007).

61.

b. faux

Outre la non-assistance en péril (art. 223-6 CP), le législateur a incriminé quiconque s'abstient volontairement « de prendre ou de provoquer les mesures permettant [...] de combattre un sinistre de nature à créer un danger pour la sécurité des personnes ». Cette infraction, moins grave que la première en ce qu'elle n'implique pas le péril d'autrui, expose son auteur à deux ans d'emprisonnement et 30 000 euros d'amende (art. 223-7 CP).

62.

a. en cours d'exécution
b. en préparation
c. en projet

Cette jurisprudence précautionneuse contraint donc à dénoncer des velléités pourtant insusceptibles de caractériser une infraction. Cette omission est visée sous l'article 223-6, al. 1er CP : elle est punie de cinq ans d'emprisonnement et 75 000 euros d'amende.

63.

b. faux

Le risque, pour soi-même ou pour autrui, que peut représenter une intervention à fin d'empêcher la commission d'un crime ou d'un délit contre l'intégrité physique est exonératoire de responsabilité pénale s'il expose à un danger : nul n'est tenu d'accomplir un acte héroïque. La personne qui omet de révéler à son conjoint les velléités homicides de son amant ne peut justifier d'aucun danger propre à justifier son abstention.

64.

b. faux

L'omission de porter secours est indépendante de l'état physiologique de la victime et de son évolution fatale – ce qui revient à dire que l'efficacité des secours est indifférente.

65.

b. faux

Le délit de non-assistance consistera dans une intervention insuffisante chaque fois que le prévenu se sera abstenu de déployer – sans risque pour lui-même ou pour autrui – tous les moyens dont il disposait pour porter secours à autrui. Commet par exemple le délit le médecin qui se contente de veiller sur le patient alors que la situation impose une action thérapeutique immédiate (Crim., 27 mars 1991).

66.

a. oui

Le délit de non-assistance suppose que le prévenu ait eu personnellement conscience du caractère d'imminente gravité du péril auquel se trouvait exposée la personne dont l'état imposait un secours – soit un principe qui impose à chacun et singulièrement au médecin de s'enquérir de l'état de santé de la personne et du danger réel qu'elle encourrait.

67.

b. faux

La constitution du délit dépend en effet des aptitudes physiques, intellectuelles, professionnelles, etc. du mis en cause. Dès lors que ses qualités permettent au prévenu de se porter personnellement au secours de la personne en péril, il ne peut se borner à prévenir les secours sans encourir le grief de dérobade – et une condamnation du chef de non-assistance à personne en péril (Crim., 7 mars 1991).

68.

b. faux

Dans le souci de protéger la mineure enceinte (quel que soit son âge), le législateur a incriminé l'interruption de grossesse contre le consentement de l'intéressée. Quiconque contraint une mineure à avorter s'expose à cinq ans d'emprisonnement et 75 000 euros d'amende (art. 223-10 CP).

69.

b. faux

La légalité de l'IVG ne dépend pas seulement du moment où elle intervient. Quand bien même le délai de douze semaines a été respecté, l'IVG n'en constitue pas moins un délit (puni de deux ans d'emprisonnement et 30 000 euros d'amende) si elle a été pratiquée par une personne qui n'a pas la qualité de médecin ou en dehors d'un hôpital (art. L. 2222-3 CSP).

70.

aucune case correcte

L'article L. 2223-2 CSP punit de deux ans d'emprisonnement et 30 000 euros d'amende le fait d'empêcher ou de tenter d'empêcher une IVG soit en perturbant de quelque manière – donc éventuellement par une manifestation silencieuse – l'accès à l'hôpital, la libre circulation des personnes à l'intérieur de cet établissement ou les conditions de travail, soit en exerçant des pressions ou en pratiquant l'intimidation à l'encontre des personnels travaillant dans ces établissements, des femmes venues y subir une intervention ou de leur entourage.

La Cour de cassation considère que la tentative du délit est constituée quand bien même le comportement du prévenu n'aurait, en l'absence d'IVG en cours ou programmée, suscité aucune entrave – puisque dans ce cas, l'échec de l'entrave est en effet indépendant de la volonté de son auteur (Crim., 5 mai 1997).

71.

aucune case correcte

Dans la mesure où le suicide n'est pas incriminé, nul ne peut à proprement parler se rendre coupable de complicité de suicide. Le législateur désireux d'incriminer ce type d'attitude a érigé en délit distinct de la complicité la provocation au suicide (art. 223-14 CP).

72.

a. suppose que la victime ait réussi à se tuer
b. suppose que la victime ait tenté de se tuer

Aux termes de l'article 223-13 CP, le fait de provoquer au suicide d'autrui expose à trois ans d'emprisonnement et 45 000 euros d'amende lorsque la provocation a été suivie du suicide ou d'une tentative de suicide.

73.

b. faux

L'âge de la victime ne suffit pas à caractériser la vulnérabilité de la personne. En d'autres termes, les juges du fond ne peuvent pas se borner à relever cet âge, même très avancé, pour retenir le prévenu dans les liens de la prévention (*Montpellier*, 7 décembre 2000).

74.

a. vrai

Depuis l'entrée en vigueur de la loi de 2009, l'article 223-15-2 CP punit de trois ans d'emprisonnement quiconque abuse frauduleusement de la situation de faiblesse d'une personne dont la particulière vulnérabilité, quoique imperceptible, est connue de l'auteur de l'agissement délictueux en cause.

Atteintes à la liberté d'aller et venir

(Enlèvement et séquestration,
détournement de moyen de transport)

75.

a. vrai

Lorsque la victime est âgée de moins de quinze ans, la réclusion criminelle est encourue si l'une des circonstances suivantes caractérise en outre l'infraction : la victime a subi une mutilation ou une infirmité permanente provoquée volontairement ou résultant soit des conditions de détention, soit d'une privation d'aliments ou de soins (art. 224-2 et 5 CP), l'atteinte a été commise en bande organisée (art. 224-3 et 5 CP), les faits ont consisté dans une prise d'otage (art. 224-4 et 5 CP).

Le Code pénal prévoit encore la peine perpétuelle lorsque l'infraction (arrestation, enlèvement, détention ou séquestration) est précédée ou accompagnée de tortures ou d'actes de barbarie ou bien suivie de la mort de la victime (art. 224-2, al. 2 CP).

Enfin, la réclusion criminelle à perpétuité est également encourue lorsque la séquestration est le fait d'une bande organisée et qu'elle s'accompagne d'une prise d'otage ou provoque mutilation ou infirmité permanente de la victime (art. 224-4-2 CP).

76.

aucune case correcte

La libération volontaire avant la fin du septième jour peut produire cet effet de correctionnalisation à condition que la victime n'ait pas subi de mutilation ou ne soit pas décédée et, en cas de prise d'otage, que l'ordre ou la condition (par exemple le versement d'une rançon) n'ait pas été exécuté (art. 224-1 à 5-2 CP).

77.

a. **la libération est volontaire**
b. **la victime n'a subi aucune atteinte grave**
c. **la personne séquestrée n'était pas retenue en otage**

Quand bien même la séquestration aurait duré quelques brefs instants, l'infraction constitue un crime dès lors que la libération de la victime ne procède pas de la volonté du ravisseur.

En cas de prise d'otage, la libération volontaire avant l'expiration du septième jour expose le ravisseur à dix ans d'emprisonnement – plutôt qu'à trente ans de réclusion criminelle – si la victime n'a subi aucune atteinte grave et que l'ordre ou la condition qui assortissait la prise d'otage n'a pas été exécuté (art. 224-3 CP).

78.

b. **faux**

La libération avant l'expiration du septième jour n'a aucun effet sur la qualification – qui demeure donc criminelle – dès lors que la séquestration a causé à la victime une atteinte grave (mutilation ou infirmité permanente) ou fatale.

79.

a. vrai

La chambre criminelle de la Cour de cassation s'est prononcée en ce sens le 24 octobre 2007.

80.

a. vrai

Le détournement s'entend certes nécessairement d'une séquestration. L'hypothèse n'est pourtant pas celle du concours idéal d'infractions : dans la mesure où les infractions en cause attentent à des intérêts distincts, le prévenu peut être condamné sur ce double fondement (Crim., 22 novembre 1983).

81.

b. faux

Quiconque compromet sciemment la sécurité d'un appareil en vol en communiquant de fausses informations s'expose en effet à cinq ans d'emprisonnement et 75 000 euros d'amende (art. 224-8 CP). Toutefois, quand l'une de ces conditions fait défaut – par exemple lorsque l'information erronée, sans mettre en péril les passagers de l'aéronef, a seulement pour but d'accréditer une perspective dangereuse pour les personnes (alerte à la bombe) –, l'auteur de la divulgation encourt deux ans d'emprisonnement et 30 000 euros d'amende (art. 332-14 CP).

Atteintes à la dignité

(Discriminations, traite des êtres humains, proxénétisme, exploitation de mendicité, diffamation, injures)

82.

a. **refuser à une personne handicapée l'accès à un avion**
b. **de diffuser une offre d'emploi subordonnée (pour le candidat) à la condition de fournir une carte d'électeur**
c. **refuser l'accès d'une personne à un établissement d'enseignement supérieur en raison du port, par cette dernière, d'un insigne révélant son appartenance à la religion musulmane**

L'incrimination est définie sous les articles 225-1 et 2 CP. Ce délit est puni de trois ans d'emprisonnement et 45 000 euros d'amende.

83.

b. **faux**

De telles discriminations sont en effet justifiées quand le motif qui les fonde « constitue une exigence professionnelle essentielle et déterminante et pour autant que l'objectif soit légitime et l'exigence proportionnée » (art. 225-3 CP).

84.

c. intentionnelle

La condamnation suppose donc la démonstration de l'intention discriminatoire du prévenu, soit une preuve souvent difficile à rapporter (ce qui explique le recours à certains procédés probatoires spécifiques tel que le *testing*).

85.

b. faux

Aux termes de l'article 225-4-1 CP, la traite des êtres humains est le fait de « recruter une personne, de la transporter, de la transférer, de l'héberger ou de l'accueillir » afin de la soumettre à certaines infractions (notamment à caractère sexuel) ou de la contraindre à commettre tout crime ou délit.

86.

b. faux

La loi du 20 novembre 2007 a clarifié l'incrimination à cet égard : la traite des êtres humains consiste non seulement à mettre une personne à la disposition d'autrui (en échange d'une rémunération ou d'un avantage), mais également à la disposition de soi-même.

87.

c. elle est motivée par le sexe de la personne

L'infraction est définie comme le fait pour toute personne d'imposer à autrui, par menace, violence, contrainte, abus d'autorité ou de pouvoir, et en raison de son sexe, de dissimuler son visage (art. 225-4-10 CP). Ce texte ne distingue pas en fonction de l'autorité de droit ou de fait dont dispose l'auteur des faits, ni de la nature publique ou privée du lieu où il impose la dissimulation.

88.

a. oui

Le cas de figure relève cependant de l'hypothèse d'école : c'est l'obligation faite à une femme (contrainte de cacher tout ou partie de sa tête) que le législateur, avançant lui-même masqué, a voulu réprimer – sans le dire.

89.

c. la satisfaction sexuelle d'autrui contre rémunération

La nature du contact physique auquel se prête la personne est donc indifférente (Crim., 27 mars 1996 – où la Cour de cassation estime que les attouchements et caresses sexuelles prodigués sur les clients d'un salon de massage consistent dans une activité prostitutionnelle).

90.

b. faux

Aux termes de l'article 225-5 CP, le proxénétisme peut en effet consister dans le fait d'aider, assister ou protéger, sans contrepartie, la prostitution d'autrui.

91.

b. faux

Quiconque tient, ne serait-ce qu'à titre gratuit, un local à la disposition d'une personne qui se livre à la prostitution est assimilé à un proxénète (art. 225-10-3° CP). Cette assimilation ne vaut pas à l'égard de l'individu qui met en lien une personne prostituée et le propriétaire d'un tel local. Aux termes de l'article 225-6-1° CP en effet, l'intermédiaire n'est assimilé au proxénète qu'autant qu'il participe au rapprochement de la personne prostituée avec un individu qui exploite ou rémunère la prostitution d'autrui.

92.

c. s'il a conscience de contribuer à l'exercice de la prostitution

Peu importe donc que l'entremise en cause ait été isolée et n'ait donné lieu à aucune rétribution (22 novembre 1994).

93.

c. si le conjoint non prostitué peut justifier de son train de vie

Cette incrimination par assimilation ne fait donc pas obstacle au droit de se marier.

94.

a. vrai

L'article 225-10-3° CP punit en effet de dix ans d'emprisonnement et 750 000 euros d'amende le fait par quiconque, agissant directement ou par personne interposée, de tenir à la disposition d'une ou de plusieurs personnes des locaux ou emplacements non utilisés par le public, en sachant qu'elles s'y livreront à la prostitution.

95.

b. faux

La condamnation du gérant n'intervient qu'en cas de tolérance habituelle (art. 225-10-3° CP).

96.

c. en recourant à des tortures ou des actes de barbarie

Cette peine est prévue sous l'article 225-9 CP.

Le proxénétisme expose à quinze ans de réclusion criminelle lorsqu'il est commis à l'égard d'un mineur âgé de moins de quinze ans (art. 225-7-1 CP).

Aux termes de l'article 225-8 CP, le proxénétisme est puni de vingt ans de réclusion criminelle lorsqu'il est commis en bande organisée et accompagné de l'une des circonstances aggravantes visées sous l'article 225-7 CP (proxénétisme à l'égard d'un mineur, d'une personne vulnérable, de plusieurs personnes, etc.).

97.

b. faux

Même passif, le racolage suppose que la personne prostituée incite les passants, par une attitude dépourvue d'équivoque, à des relations sexuelles tarifées (Crim., 25 mai 2005).

98.

b. faux

L'article 225-12-1 CP punit de trois ans d'emprisonnement et 45 000 euros d'amende le recours à la prostitution de mineurs ou de personnes particulièrement vulnérables.

99.

aucune case correcte

Afin de lutter efficacement contre le tourisme sexuel, les restrictions visées sous les articles 113-6 et 8 CP sont levées dans l'hypothèse où des Français recourent à la prostitution de mineurs à l'étranger. La loi française s'applique donc sans réserve dans ce cas.

100.

b. l'exploitation de mendicité

Le législateur de 1994 a dépénalisé le vagabondage et la mendicité. La loi sur la sécurité intérieure du 13 mars 2003 a toutefois consacré un dispositif de lutte indirect contre la mendicité en réprimant quiconque tire profit de l'acte de mendicité d'un tiers – ce que l'article 225-12-5 CP désigne sous l'expression d'exploitation de mendicité. Le même article assimile à l'exploitation de mendicité le fait de ne pouvoir justifier de ressources correspondant à son train de vie tout en exerçant une influence de fait, permanente ou non, sur plusieurs personnes se livrant à la mendicité ou en étant en relation habituelle avec cette ou ces dernières. Ces infractions exposent leur auteur à trois ans d'emprisonnement et 45 000 euros d'amende.

Depuis l'entrée en vigueur de la loi du 14 mars 2011, le Code pénal réprime également l'exploitation de la vente à la sauvette (art. 225-12-8 CP).

101.

b. des personnes dont la vulnérabilité est apparente ou connue
c. des personnes dont l'état de dépendance est apparent ou connu

Seules les « personnes fragiles » sont donc protégées par la loi pénale. Les juridictions entendent toutefois largement la notion. Se rend ainsi coupable de l'infraction le chef d'entreprise qui profite de la situation de vulnérabilité sociale et économique résultant de l'absence de qualification de ses employés confrontés à la pénurie d'emploi en milieu rural (Crim., 4 mars 2003).

102.

b. faux

Le salaire minimum garanti est certes un critère que prennent en compte les juges du fond. Les tribunaux n'entrent cependant en condamnation que si la rétribution de la personne vulnérable ou dépendante est « manifestement sans rapport avec l'importance du travail accompli » (art. 225-13 CP).

103.

a. vrai

La chambre criminelle s'est prononcée en ce sens le 3 décembre 2002.

104.

b. faux

Quand bien même elle serait placée sous tutelle, la personne ainsi protégée demeure vulnérable au sens des articles 225-13 et 14 CP (Crim., 15 juin 2010, *Dr. pénal* 2010, n° 104).

105.

a. vrai

La chambre criminelle s'est prononcée en ce sens le 16 février 2010.

106.

a. vrai

Aux termes de l'article 225-16-1 CP, le fait d'amener autrui, contre son gré ou non, à subir ou à commettre des actes humiliants ou dégradants lors de manifestations ou de réunions liées aux milieux scolaire et socio-éducatifs, est puni de six mois d'emprisonnement et de 7 500 euros d'amende.

107.

a. vrai

Chacune de ces infractions expose son auteur à un an d'emprisonnement et 15 000 euros d'amende (art. 225-17, al. 1 et 2 CP). Ces plafonds de peine sont doublés à l'encontre de celui qui commet concomitamment l'une et l'autre de ces infractions.

108.

a. la dégradation d'un monument érigé en la mémoire d'un mort
b. la détérioration d'une urne cinéraire
c. la destruction des ornements funéraires (fleurs, vases, etc.)

Les juridictions retiennent une conception extensive de l'acte matériellement attentatoire au respect dû aux morts. Le tribunal d'Arras a pu par exemple, le 27 octobre 1998, retenir un individu dans les liens de cette prévention pour avoir pris en photo le cadavre d'une jeune fille qu'il avait partiellement dévêtu et déplacé.

109.

b. implique l'imputation de faits précis
c. peut donner lieu à démonstration

Aux termes du dernier alinéa de l'article 29 de la loi de 1881, « toute expression outrageante, termes de mépris ou invective qui ne renferme l'imputation d'aucun fait est une injure ».

La Cour de cassation considère que la « démontrabilité » est une caractéristique consubstantielle à tout fait – diffamatoire ou pas.

110.

aucune case correcte

L'imputation d'un fait déterminé et précis portant atteinte à l'honneur ou à la considération d'une personne caractérise l'infraction de diffamation même si elle est présentée sous une forme déguisée, dubitative ou par voie d'insinuation.

111.

a. vrai

Pour autant, l'injure s'entend le plus souvent de l'emploi d'un terme de mépris grossier.

112.

a. vrai

L'excuse de provocation est en effet exonératoire sous réserve toutefois que l'injure intervienne « dans le feu » de la provocation, ne soit pas disproportionnée, ni ne présente un caractère raciste.

113.

b. faux

Aux termes de l'article 35 de la loi de 1881, la vérité des faits diffamatoires peut toujours être rapportée sauf lorsque l'imputation concerne la vie privée de la personne ou se réfère à un fait constituant une infraction amnistiée, prescrite ou qui a donné lieu a une condamnation effacée par la réhabilitation ou la révision.

En réponse à une QPC, le Conseil constitutionnel a considéré que l'interdiction de rapporter la vérité de faits diffamatoires remontant à plus de dix années était contraire à la constitution (Déc. 20 mai 2011).

114.

a. vrai

L'exception de bonne foi ne doit pas être confondue avec l'exception de vérité. Le fait que le prévenu ait échoué quant à la preuve de la vérité des faits diffamatoires n'exclut pas la démonstration de sa bonne foi (Crim., 17 juin 2008).

115.

b. faux

La diffamation comme l'injure exposent en principe leur auteur à 12 000 euros d'amende. Toutefois, lorsqu'elle est commise à raison de l'origine ou de l'appartenance réelle ou supposée à une ethnie, une nation, une race ou une religion déterminée, ou bien à raison du sexe, de l'orientation sexuelle ou du handicap de la victime, la diffamation expose à des peines deux fois supérieures à celles qui répriment les injures proférées dans les mêmes circonstances (un an d'emprisonnement contre six mois, 45 000 euros d'amende contre 22 500).

Atteintes à la personnalité

(Atteinte à la vie privée, violation de domicile, dénonciation calomnieuse, atteinte aux secrets)

116.

a. vrai

L'infraction est caractérisée lorsque les propos concernent en tout ou en partie l'intimité de la vie privée – dans ce dernier cas, la Cour de cassation considère que l'intention de rechercher des renseignements de nature professionnelle n'exonère pas l'auteur dès lors que les branchements clandestins conduisent nécessairement à pénétrer dans la vie privée des personnes écoutées (Crim., 7 octobre 1997). Le lieu où les propos sont prononcés est en revanche indifférent : celui qui écoute une conversation professionnelle n'attente pas à l'intimité de la vie privée quand bien même les propos seraient échangés dans un lieu privé.

117.

b. faux

Les propos confidentiels échangés dans un lieu public sont donc pénalement protégés.

118.

b. faux

Ce type de voyeurisme n'est pas incriminé (Crim., 23 août 1994).

119.

aucune case correcte

L'incrimination de la violation de domicile protège tout occupant effectif d'un local habitable, quel que soit son statut juridique (propriétaire, locataire, occupant sans titre, etc.)

120.

a. vrai

L'article 226-4 CP punit d'un an d'emprisonnement et de 15 000 euros d'amende non seulement l'introduction, mais encore le maintien dans le domicile d'autrui à l'aide de manœuvres, menaces, voies de fait ou contrainte.

121.

b. faux

La violation de domicile suppose que l'intrusion ou le maintien forcé concerne un lieu effectivement habité : « l'article 226-4 CP n'a pas pour objet de garantir d'une manière générale les propriétés immobilières contre une usurpation » (Crim., 30 octobre 2006).

122.

a. une chambre d'hôtel
c. une chambre d'hôpital

La Cour de cassation considère que la prison est un lieu privé – de sorte que la captation ou la diffusion de l'image d'un détenu sans son consentement est constitutive d'une infraction –, mais que l'intrusion dans la cellule d'un détenu ne caractérise pas une violation de domicile (Crim., 18 octobre 1989).

123.

b. faux

La dénonciation calomnieuse s'entend d'une accusation mensongère que son auteur formule spontanément. En conséquence, ne sont pas répréhensibles, faute de caractériser une dénonciation calomnieuse, les accusations qu'un individu formule en réponse aux questions d'un magistrat instructeur (Crim., 16 octobre 1969).

124.

a. vrai

La dénonciation calomnieuse implique certes la révélation spontanée de faits dont le dénonciateur n'ignore pas la fausseté. Cependant l'inexactitude des faits ne concerne pas nécessairement leur matérialité. Se rend ainsi coupable de dénonciation calomnieuse celui qui dénonce des faits exacts – et licites par eux-mêmes –, mais occulte ou invente certaines circonstances de telle manière qu'une qualification pénale puisse s'appliquer (Crim., 9 janvier 1975).

125.

b. faux

Aux termes de l'article 226-10 CP, la fausseté du fait dénoncé résulte nécessairement de la décision, devenue définitive, d'acquittement, de relaxe ou de non-lieu, déclarant que le fait n'a pas été commis ou que celui-ci n'est pas imputable à la personne dénoncée.

126.

b. faux

La connaissance des faits par d'autres personnes n'est pas de nature à leur enlever leur caractère confidentiel et secret à l'égard du dépositaire.

127.

c. à moins que cette révélation ne serve la défense du conseil

L'avocat, pas plus qu'aucun autre confident nécessaire, ne peut être affranchi par quiconque (sinon la loi) de l'obligation générale et absolue de respecter le secret professionnel.

L'avocat qui fait l'objet d'une mise en cause pénale de la part de son client peut toutefois produire en justice toute pièce utile à ses intérêts (Crim., 29 mai 1989).

128.

b. les experts-comptables
c. les notaires
d. les policiers

La Cour de cassation considère que la désignation nominative du bénéficiaire d'un contrat d'assurance sur la vie n'est pas pénalement sanctionnée (Crim., 28 septembre 1999). Les experts-comptables et les notaires, entre autres, sont dépositaires par état et profession, de secrets qu'on leur a confiés. Ils ne peuvent donc, à peine de répression, révéler les confidences qu'ils ont reçues à raison de leur qualité et dont ils ne sont dépositaires qu'à ce titre – ce qui veut dire qu'ils peuvent révéler les confidences reçues « hors cadre professionnel » sans encourir de sanctions pénales. Les informations qui parviennent à la connaissance des policiers dans l'exercice de leur profession présentent un caractère confidentiel. Leur révélation constitue l'infraction d'atteinte au secret professionnel.

129.

b. les préposés des postes
d. les travailleurs sociaux

Le secret professionnel ne peut être opposé à la justice que par ceux qui sont, à raison de leur profession ou de leur état, des confidents nécessaires (avocats, médecins, notaires, policiers, experts-comptables, etc.).

130.

a. la destruction du courrier
b. la rétention d'une correspondance
c. l'ouverture d'une enveloppe

La loi réprime tous les agissements malveillants de nature à priver de leur correspondance, même momentanément, ceux qui en ont été les destinataires véritables (Crim., 8 novembre 1973).

Atteintes aux mineurs et à la famille

(Délaissement de mineur, abandon de famille, non-représentation d'enfant, mise en péril de mineurs)

131.

a. **l'abandon procède d'une faute de surveillance**
b. **le mineur est âgé d'au moins quinze ans**
c. **l'auteur a toutefois préservé la santé et la sécurité de l'enfant qu'il abandonnait**

Le délaissement d'un mineur âgé de moins de quinze ans en un lieu quelconque est puni de sept ans d'emprisonnement et d'un million d'euros d'amende, sauf si les circonstances du délaissement ont permis d'assurer la santé et la sécurité de celui-ci (art. 227-1 CP). Le délaissement est puni de vingt ans de réclusion criminelle lorsqu'il a entraîné une mutilation ou une infirmité permanente du mineur (art. 227-2, al. 1er CP) et de trente ans de réclusion criminelle lorsqu'il a entraîné sa mort (art. 227-2, al. 2 CP).

132.

aucune case correcte

Aux termes de l'article 227-3 CP, l'abandon de famille est le fait, pour une personne, de ne pas exécuter une décision judiciaire ou une convention judiciairement homologuée lui imposant de verser au profit d'un enfant mineur, d'un descendant, d'un ascendant ou du conjoint une pension, une contribution, des subsides ou des prestations de toute nature dues en raison de l'une des obligations familiales prévues par le code civil, en demeurant plus de deux mois sans s'acquitter intégralement de cette obligation. Cette infraction est punie de deux ans d'emprisonnement et de 15 000 euros d'amende.

133.

b. faux

La Cour de cassation a posé le principe selon lequel la résistance du mineur ou son aversion à l'égard de celui qui est en droit de la réclamer ne saurait, à moins de circonstances exceptionnelles, constituer pour celui qui a l'obligation de le représenter ni une excuse légale, ni un fait justificatif (Crim., 12 mai 1954). Au titre des circonstances exceptionnelles exonératoires de responsabilité pénale (car constitutives d'un cas de force majeure) figure par exemple le refus catégorique de l'enfant âgé de quinze ans révolus (Crim., 14 mars 1972).

134.

a. vrai

Les peines prévues à cet égard sont l'emprisonnement pour une durée d'un an et l'amende dont le montant ne peut excéder 15 000 euros. La non-représentation d'enfant consiste dans l'acte négatif de ne pas présenter l'enfant à celui qui a le droit de le réclamer, tandis que la soustraction s'entend de l'acte positif d'enlever cet enfant. Quelle que soit l'hypothèse (non-représentation ou soustraction), si l'enfant est retenu hors du territoire de la République ou bien pendant plus de cinq jours, l'auteur s'expose à trois ans d'emprisonnement et 45 000 euros d'amende (art. 227-9 CP).

135.

b. faux

La Cour de cassation a de longue date jugé que la soustraction de mineur sans fraude ni violence n'était répréhensible qu'en cas de déplacement durable de la victime (Crim., 3 février 1972). La soustraction de mineur sans fraude ni violence expose son auteur à cinq ans d'emprisonnement et 75 000 euros d'amende. En cas de fraude ou de violence, les faits ne caractérisent plus une soustraction du mineur, mais une séquestration (art. 224-1 CP).

136.

a. vrai

Le Code pénal incrimine en revanche la dissimulation d'enfant (art. 227-13 CP), la provocation d'abandon d'enfant (art. 227-12, al. 1er CP), l'entremise rémunérée en vue de l'abandon d'un enfant (art. 227-12, al. 2 CP), l'entremise rémunérée ou non entre parent et mère porteuse (art. 227-12, al. 3 CP).

137.

aucune case correcte

Cette infraction visée sous l'article 227-13 CP consiste dans la simulation d'enfant – que l'ancien Code pénal désignait sous le vocable de supposition. La substitution est également incriminée sous le même texte : elle correspond à l'interversion volontaire de nouveau-nés. La dissimulation est enfin le fait, pour la mère biologique, de tenir secrète la naissance de l'enfant dont elle vient d'accoucher.

Substitution, dissimulation et simulation exposent leur auteur à trois ans d'emprisonnement et 45 000 euros d'amende.

138.

a. **l'enfant est âgé de moins de six ans**
b. **cette situation compromet la santé de l'enfant**

Ce délit visé sous l'article 227-15 al. 2 CP expose son auteur à sept ans d'emprisonnement et 100 000 euros d'amende.

139.

a. **vrai**

Ils s'exposent également à une amende de 7 500 euros.

140.

a. **si le mineur est âgé de moins de quinze ans**
b. **si la proposition est faite en utilisant un moyen de communication électronique**
c. **quand bien même l'offre ne donne pas lieu à rencontre**

L'auteur de ce type de propositions s'expose à deux ans d'emprisonnement – cinq ans lorsque les propositions sont suivies d'une rencontre (art. 227-22-1 CP). Lorsque le mineur est âgé de plus de quinze ans la proposition n'est répréhensible qu'autant qu'elle caractérise la corruption de mineur – laquelle s'entend de l'existence d'un acte obscène accompli dans le dessein de pervertir la jeunesse (art. 227-22 CP).

141.

b. faux

Le fait, pour un majeur, d'entretenir une relation sexuelle consentie avec un mineur âgé de quinze ans révolus n'est pas constitutif d'une infraction à moins que ces atteintes sexuelles sans violences, contrainte, menace ni surprise soient commises par une personne ayant sur la victime une autorité de droit ou de fait ou par une personne qui abuse de l'autorité que lui confèrent ses fonctions (art. 227-27 CP). Dans ce cas, l'auteur de faits s'expose à deux ans d'emprisonnement et 30 000 euros d'amende.

Appropriations frauduleuses

(Vol, extorsion, chantage, escroquerie, filouterie, abus de confiance)

142.

b. faux

Relèvent notamment de la cour d'assises, les vols ayant entraîné la mort ou une infirmité permanente (art. 311-7 CP) et les vols commis à main armée (art. 311-8 CP).

143.

b. faux

Dans la mesure où le vol implique de soustraire la chose, l'infraction est en principe exclue en cas de remise. Toutefois, l'infraction de vol est caractérisée lorsque ladite remise est le fait d'une personne dont la volonté n'était pas libre et éclairée (par exemple en raison de son très jeune âge).

Par ailleurs, la remise même volontaire d'une chose ne s'entend pas nécessairement du transfert de sa propriété, lequel peut se trouver subordonné à une condition – comme le paiement du prix pour les choses à disposition des clients dans les grandes surfaces. En conséquence, celui qui dissimule sous ses vêtements un bien pourtant à disposition dans les rayonnages commet le délit de tentative de vol : « la détention purement matérielle, non accompagnée d'une remise de la possession, n'est pas exclusive de l'appréhension » (Crim., 30 novembre 1977).

144.

a. vrai

La Cour de cassation admet en effet ce fait justificatif depuis le 11 mai 2004.

145.

a. vrai

La propriétaire d'une chose peut donc se rendre coupable de la soustraction frauduleuse de son propre bien… parce que celui-ci est la propriété commune d'autrui (Crim., 27 février 1996).

146.

a. vrai

Peu importe en effet que l'auteur de la soustraction n'ait pas voulu s'approprier la chose : il suffit qu'il en ait sciemment fait usage à l'insu du propriétaire (Crim., 24 octobre 1990).

147.

b. dans un local d'habitation même sans effraction
c. par une personne dissimulant son visage

La loi du 14 mars 2011 a supprimé la restriction tirée de la pénétration dans les locaux par ruse, effraction ou escalade : les modalités d'introduction dans le local d'habitation – ou dans un lieu utilisé ou destiné à l'entrepôt de fonds, valeurs, matériels ou marchandises – sont désormais indifférentes (art. 311-4, 6° CP).

La loi du 2 mars 2010 a consacré la circonstance aggravante de la dissimulation volontaire de tout ou d'une partie du visage dans le but ne pas être identifié (art. 311-4, 10° CP).

148.

b. faux

Depuis l'entrée en vigueur de la loi de 4 avril 2006, cette immunité familiale ne s'applique pas lorsque « le vol porte sur des objets ou documents indispensables à la vie quotidienne de la victime, tels que des documents d'identité [...] ou des moyens de paiement » (art. 311-12, al. 2 CP).

149.

a. vrai

Le plus souvent, l'extorsion consiste toutefois à contraindre autrui à accomplir un acte positif – notamment à remettre une somme d'argent. L'extorsion simple expose son auteur à sept ans d'emprisonnement et 100 000 euros d'amende.

150.

b. faux

Il s'agit d'un vol. L'extorsion s'entend certes d'une perspective violente, mais elle suppose, à la différence du vol, remise de la chose.

151.

b. en réunion et de manière agressive
c. sous la menace d'un animal dangereux

La loi du 18 mars 2003 est revenue pour partie sur la dépénalisation de la mendicité – laquelle remonte à 1994 : le fait, en réunion et de manière agressive, ou sous la menace d'un animal dangereux, de solliciter, sur la voie publique, la remise de fonds, de valeurs ou d'un bien est puni de six mois d'emprisonnement et de 3750 euros d'amende (art. 312-12-1 CP).

152.

a. vrai

L'un comme l'autre cherche en effet à obtenir une signature, un engagement ou une renonciation, la révélation d'un secret ou bien encore la remise de fonds, de valeurs ou d'un bien quelconque (art. 312-1 et 10 CP). Seuls diffèrent les moyens utilisés à cette fin : tandis que le maître chanteur recourt à la menace, l'auteur de l'extorsion emploie la force.

153.

b. faux

L'extorsion est punie de sept ans d'emprisonnement et 100 000 euros d'amende alors que le chantage expose son auteur à cinq ans d'emprisonnement et 75 000 euros d'amende.

Le législateur applique au chantage les peines de l'extorsion « lorsque l'auteur du chantage a mis sa menace à exécution » (art. 312-11 CP).

154.

b. d'imputer à la victime des faits diffamatoires imaginaires

Seule la menace de révéler ou d'imputer des « faits de nature à porter atteinte à l'honneur ou à la considération » tombe sous le coup de l'article 312-10 CP. L'authenticité desdits faits est donc indifférente : seul compte leur caractère diffamatoire.

155.

b. faux

Le mobile, notamment vénal, de l'auteur du chantage est indifférent : l'infraction est constituée, sous l'angle intellectuel, dès lors qu'il a agi de mauvaise foi. La Cour de cassation juge que le dessein de cupidité illégitime ne constitue pas un des éléments constitutifs de l'infraction (Crim., 22 juin 1972).

156.

a. d'un faux nom
b. d'un faux prénom
c. d'une fausse profession
d. de la fausse qualité de mandataire

Le mensonge n'est en principe constitutif d'une escroquerie qu'autant qu'il se trouve corroboré par l'usage d'une qualité vraie ou par des manœuvres frauduleuses. Dans la mesure où les instruments d'identification civile et professionnelle sont les éléments fondamentaux de la confiance commune, le seul fait de mentir à cet égard s'entend d'une tromperie répréhensible.

157.

a. vrai

Il n'est en effet pas nécessaire que le tiers en question intervienne afin de donner force et crédit au mensonge de l'escroc : sa seule présence suffit dès qu'elle a par ailleurs déterminé la remise par la dupe.

158.

b. faux

Cette formule a certes disparu puisque l'escroquerie est désormais définie comme le « fait de tromper une personne » (art. 313-1 CP). Pour autant, l'escroquerie consiste toujours à duper la victime en lui faisant croire en l'avènement d'une situation qui ne se produira pas – ce qui veut dire que l'événement qui n'advient pas n'était pas nécessairement chimérique au moment où le mis en cause convainquait son interlocuteur de lui remettre par exemple des fonds.

159.

b. faux

L'infraction est constituée quand bien même les manœuvres de l'escroc profiteraient à un tiers (Crim., 4 mai 1987).

160.

a. vrai

Si le préjudice est assurément l'un des éléments constitutifs de l'escroquerie, la question a pu se poser de la consistance de ce préjudice : réside-t-il dans la duperie (auquel cas le préjudice se confond avec le moyen utilisé) ou dans l'atteinte pécuniaire que la remise provoque ? La Cour de cassation semble avoir tranché pour la seconde solution (Crim., 26 octobre 1994).

161.

b. faux

L'escroquerie n'est jamais un crime. La peine maximale est l'emprisonnement pour une durée de dix ans (escroquerie commise en bande organisée / art. 313-2 CP).

162.

a. de vol
b. d'escroquerie

Ces incriminations figurent sous les articles 312-9 et 313-3 CP. Dans la mesure où toute tentative d'infraction présente un caractère intentionnel que les juridictions du fond doivent caractériser avant d'entrer en condamnation, le législateur a considéré que la démonstration de l'intention coupable risquait de relever de la divination en matière de filouterie ou d'abus de confiance – puisque, dans ces hypothèses, la résolution criminelle de l'agent ne se laisse pas voir de manière univoque.

163.

a. vrai

Le législateur accorde une protection pénale aux seuls hôteliers qui ne font pas crédit plus de dix jours d'affilée (art. 313-5, 2° CP).

164.

aucune case correcte

Le droit pénal ne protège pas tous les prestataires de service contre l'insolvabilité de leurs clients. L'article 313-5 CP sanctionne les seules filouteries d'aliments, de boisson, d'hôtellerie, de carburant et de taxi. L'auteur de l'une quelconque de ces filouteries s'expose à six mois d'emprisonnement et 7 500 euros d'amende.

165.

b. faux

Depuis le 18 octobre 2000, la Cour de cassation considère en effet que l'infraction ne suppose pas nécessairement que la somme (ou toute autre chose) détournée ait été remise en vertu d'un contrat. Commet par exemple un abus de confiance le tuteur qui détourne les revenus de son protégé (Crim., 3 décembre 2003).

166.

a. un bien matériel
b. un bien incorporel

L'abus de confiance peut porter sur tous les biens meubles, même incorporels – ce dernier cas correspondant à l'hypothèse du détournement de l'usage d'un bien (carte bancaire, ordinateur, véhicule, etc.). Par ailleurs, l'infraction concerne exclusivement le détournement des biens meubles – de sorte que la personne qui refuse indûment de restituer les clés d'un appartement qu'elle continue à occuper sans droit ne commet pas l'infraction d'abus de confiance (Crim., 10 octobre 2001).

167.

b. faux

L'abus de confiance suppose que la chose ait été remise à titre précaire, autrement dit qu'elle ne soit pas devenue la propriété de celui qui la détient et peut donc, pour cette raison, en disposer librement (Crim., 19 septembre 2007).

168.

a. vrai

La Cour de cassation a jugé en ce sens le 9 février 2011.

169.

b. faux

Aux termes de l'article 314-1 CP, « l'abus de confiance est le fait par une personne de détourner, au préjudice d'autrui, des fonds, des valeurs ou un bien quelconque qui lui ont été remis et qu'elle a acceptés à charge de les rendre, de les représenter ou d'en faire un usage déterminé ». Le préjudice est donc un élément constitutif de l'infraction dont la Cour de cassation n'impose pas toutefois la démonstration spécifique : l'existence du préjudice se trouve nécessairement incluse dans la constatation du détournement (Crim., 13 janvier 2010).

170.

b. faux

L'organisation de l'insolvabilité peut en effet intervenir « même avant la décision judiciaire constatant sa dette » (art. 314-7 CP).

Autres atteintes aux biens

(Recel, destructions, blanchiment)

171.

b. d'un crime ou d'un délit

Seul le recel de contravention n'est pas incriminé.

172.

a. de favoritisme
b. d'abus de biens sociaux
c. de filouterie de carburant
d. de délit d'initié
e. de prise illégale d'intérêts
f. de violation du secret professionnel

Tout délit peut donner lieu à condamnation du chef de recel dès lors qu'il a permis au receleur d'en disposer en connaissance de cause.

173.

a. vrai

La Cour de cassation s'est prononcée en ce sens le 24 octobre 1979.

174.

a. vrai

L'article 321-1 CP atteint tous ceux qui, par un moyen quelconque (notamment par l'effet d'un remploi), bénéficient du produit d'un crime ou d'un délit.

175.

aucune case correcte

176.

a. vrai

Le recel expose en principe son auteur à cinq ou dix ans d'emprisonnement (art. 321-1 et 2 CP). Toutefois, lorsque l'infraction dont provient le bien recelé est punie d'une peine privative de liberté d'une durée supérieure à celle de l'emprisonnement encouru en application des textes ci-dessus, le receleur est puni des peines attachées à l'infraction dont il a eu connaissance et, si l'infraction est accompagnée de circonstances aggravantes, des peines attachées aux seules circonstances dont il a eu connaissance (art. 321-4 CP).

177.

a. de crimes
c. de délits punis d'au moins cinq ans d'emprisonnement

Visée sous l'article 321-6 CP, cette incrimination consacre une présomption de recel. Cette infraction expose son auteur à trois ans d'emprisonnement et 75 000 euros d'amende.

178.

a. vrai

Le Code pénal incrimine en effet les dégradations involontaires dès lors qu'elles présentent un danger pour les personnes (art. 322-5 et s. CP).

179.

a. vrai

Les dégradations ayant entraîné un dommage léger (lequel s'entend de l'absence d'altération de la substance du bien endommagé) relèvent du tribunal de police à l'exception des graffitis : le fait de « tracer des inscriptions, des signes ou des dessins, sans autorisation préalable, sur les façades, les véhicules, les voies publiques ou le mobilier urbain » est puni de 3 750 euros d'amende et d'une peine de travail d'intérêt général (art. 322-1, al. 2 CP).

180.

a. sept ans d'emprisonnement s'il a causé la mort d'autrui
b. cinq ans d'emprisonnement s'il a causé une ITT d'au moins huit jours
c. trois ans s'il a exposé les personnes à un dommage corporel

Ces pénalités sont prévues par l'article 322-5 CP.

181.

b. faux

Le mobile de l'auteur est indifférent. L'article 322-14 CP punit de deux ans d'emprisonnement le fait de communiquer une information erronée soit dans le but de faire croire qu'une destruction, une dégradation ou une détérioration dangereuse pour les personnes va être ou a été commise, ou bien qu'un sinistre de nature à provoquer l'intervention inutile des secours s'est produit.

182.

a. vrai

La Cour de cassation ne s'aligne pas à cet égard sur le droit du recel (Crim., 25 juin 2003).

183.

b. faux

La Cour de cassation a statué en ce sens le 20 février 2008.

Infractions contre la Nation, l'État et la paix publique

Atteintes aux intérêts fondamentaux
Terrorisme
Atteintes à l'autorité de l'État
Atteintes à la confiance publique

Atteintes aux intérêts fondamentaux et terrorisme

(Trahison, espionnage, attentat, complot)

184.

c. trahison

Les mêmes faits commis par un étranger sont qualifiés d'espionnage (art. 411-1 et 6 CP). Le sabotage consiste dans le fait de détruire un matériel et, ce faisant, de porter atteinte aux intérêts fondamentaux de la Nation (art. 411-9 CP).

185.

b. faux

Constitue un attentat au sens du droit pénal français le fait de commettre un ou plusieurs actes de violence de nature à mettre en péril les institutions de la République ou à porter atteinte à l'intégrité du territoire nationale (art. 412-1 CP) – tout acte de terrorisme ne s'entend donc pas d'un attentat.

186.

a. **le faux en écriture publique**
b. **le recel de malfaiteur**
c. **le détournement d'aéronef**
d. **le vol**

L'article 412-1 CP énumère les infractions constitutives d'un acte de terrorisme dès lors qu'elles sont commises en relation avec une entreprise ayant pour but de troubler gravement l'ordre public par l'intimidation ou la terreur.

Atteintes à l'autorité de l'État

(Abus d'autorité, manquements au devoir de probité, outrage, rébellion, entraves à la justice)

187.

a. vrai

Cette infraction expose son auteur à trente ans de réclusion criminelle lorsqu'elle consiste dans une détention de plus de sept jours (art. 432-4, al. 2 CP).

188.

a. vrai

Cette infraction expose son auteur à trente ans de réclusion criminelle lorsqu'elle consiste dans une détention de plus de sept jours (art. 432-4, al. 2 CP).

189.

a. vrai

Le coupable encourt deux ans d'emprisonnement et 30 000 euros d'amende (art. 432-8 CP).

190.

a. **concussion**
d. **prise illégale d'intérêts**

Ces infractions sont définies sous les articles 432-10 et 12 CP.

191.

a. **vrai**

Cette incrimination n'a pas lieu d'être dès lors que la corruption est consommée par le seul fait de la sollicitation – autrement dit quand bien même la chose promise ne serait pas livrée et l'acte attendu de l'autorité non-accompli.

192.

a. **vrai**

L'infraction est définie sous l'article 433-5 CP.

193.

a. **vrai**

Cette infraction expose son auteur à trois ans d'emprisonnement (art. 434-1 CP). L'obligation de dénoncer l'infraction déjà consommée concerne les seules privations, mauvais traitements ou atteintes sexuelles infligés à un mineur de moins de quinze ans ou à une personne vulnérable. Quiconque s'abstient à cet égard encourt trois ans d'emprisonnement (art. 434-3 CP).

194.

b. faux

La Cour de cassation a posé le principe selon lequel le fait de cacher le cadavre de sa victime n'est que la suite du meurtre – de sorte que le recel n'est pas dans ce cas distinct de l'homicide.

195.

a. vrai

L'infraction n'est donc pas caractérisée lorsque l'intéressé poursuit sa route dans le but d'éviter la prise à partie violente à laquelle un arrêt l'exposerait.

196.

aucune case correcte

Toute personne placée en garde à vue, quel que soit le motif de la privation de liberté, s'expose aux peines prévues en cas d'évasion – à savoir trois ans d'emprisonnement et 45 000 euros d'amende (art. 434-27 et 28 CP).

Atteintes à la confiance publique

(Faux, usage de faux, fausse monnaie)

197.

a. vrai

La Cour de cassation a statué en ce sens le 5 février 2008.

198.

b. faux

En principe l'usage d'une pièce falsifiée expose aux mêmes peines que l'acte de falsification (art. 441-1, dernier alinéa CP). Toutefois les juridictions tiennent compte des circonstances aggravantes (infraction commise de manière habituelle, etc.) selon qu'elles concernent l'usager ou le faussaire – de sorte que l'usager auquel s'applique ce type de circonstance encourt des peines plus lourdes que celles auxquelles s'expose le faussaire si aucune aggravation ne se fait jour à son égard.

199.

a. vrai

Aux termes de l'article 441-4 CP, le faux et l'usage de faux commis en écriture publique ou authentique est puni de quinze ans de réclusion criminelle lorsqu'il est commis par une personne dépositaire de l'autorité publique ou chargée d'une mission de service public agissant dans l'exercice de ses fonctions ou de sa mission.

200.

b. faux

Il s'agit d'une contravention de la 5e classe (art. R. 645-8 CP).

201.

c. trente ans de réclusion criminelle

Ce crime est visé sous l'article 442-1 CP.

Table des matières

Questions ➠ Réponses

Infractions contre les personnes

Crimes contre l'humanité et contre l'espèce humaine	7	➠	63
Atteintes à la vie	9	➠	66
Atteintes à l'intégrité	13	➠	71
Mise en danger	18	➠	81
Atteintes à la liberté d'aller et venir	23	➠	89
Atteintes à la dignité	25	➠	92
Atteintes à la personnalité	32	➠	102
Atteintes aux mineurs et à la famille	35	➠	107

Infractions contre les biens

Appropriations frauduleuses	41	➠	115
Autres atteintes aux biens	47	➠	124

Infractions contre la Nation, l'État et la paix publique

Atteintes aux intérêts fondamentaux et terrorisme	53	➠	131
Atteintes à l'autorité de l'État	54	➠	133
Atteintes à la confiance publique	56	➠	136

Dans la même collection

- *Introduction au droit en QCM*, par P. Vannier
- *La criminologie en QCM*, par É. Mathias
- *Le droit pénal spécial en QCM*, par É. Mathias
- *Le contentieux administratif en QCM*, par F. Biglione et O. Guillaumont
- *Le droit administratif en QCM*, par J.-F. Boudet
- *Le droit des biens en QCM*, par B. Belloir-Caux
- *Le droit commercial en QCM*, par M.-H. Maleville-Costedoat
- *Le droit constitutionnel en QCM*, par P. Jan
- *Le droit des contrats spéciaux en QCM*, par A. Braud
- *Le droit du crédit en QCM*, par S. Sabathier
- *Le droit de la famille en QCM*, par P. Vannier
- *Le droit fiscal général en QCM*, par A. Lefeuvre
- *Le droit de la fonction publique en QCM*, par F. Biglione et O. Guillaumont
- *Le droit international privé en QCM*, par M. Attal
- *Le droit judiciaire privé en QCM*, par O. Staes
- *Le droit international public en QCM*, par J.-Cl. Zarka
- *Le droit des obligations en QCM*, par A. Braud
- *Le droit pénal en QCM*, par É. Mathias
- *Le droit des personnes en QCM*, par P. Vannier
- *Le droit de la propriété intellectuelle en QCM*, par S. Alma-Delettre
- *Le droit des sociétés en QCM*, par A. Braud et S. Henneron
- *Le droit du travail en QCM*, par D. Serio et D. Hennebelle
- *Les finances publiques en QCM*, par J.-F. Forestier
- *L'histoire constitutionnelle française depuis 1789 en QCM*, par S. Velley
- *L'histoire des idées politiques en QCM*, par M.-H. Renaut
- *Les institutions administratives en QCM*, par P. Jan
- *Les institutions françaises de 476 à 1789 en QCM*, par R. Lavoux
- *Les institutions internationales en QCM*, par J.-Cl. Zarka
- *Les institutions juridictionnelles en QCM*, par J.-P. Scarano, D. Roux et F. Serras-Béraud
- *Les libertés et droits fondamentaux en QCM*, par J. Fialaire et É. Mondielli
- *La procédure pénale en QCM*, par É. Mathias
- *Les procédures collectives en QCM*, par M.-A. Rakotovahiny
- *Les relations internationales en QCM*, par J.-Cl. Zarka
- *Le vocabulaire juridique en QCM*, par M.-H. Maleville-Costedoat

Cet ouvrage a été achevé d'imprimer en septembre 2012
dans les ateliers de Normandie Roto Impression s.a.s.
61250 Lonrai (Orne)
N° d'impression : 123547
Dépôt légal : septembre 2012

Imprimé en France